Talents à l'étranger

Panorama de l'émigration ivoirienne

Cet ouvrage est publié sous la responsabilité du Secrétaire général de l'OCDE. Les opinions et les arguments exprimés ici ne reflètent pas nécessairement les vues officielles des pays Membres de l'OCDE.

Ce document, ainsi que les données et cartes qu'il peut comprendre, sont sans préjudice du statut de tout territoire, de la souveraineté s'exerçant sur ce dernier, du tracé des frontières et limites internationales, et du nom de tout territoire, ville ou région.

Merci de citer cet ouvrage comme suit :
OCDE (2022), *Panorama de l'émigration ivoirienne*, Talents à l'étranger, Éditions OCDE, Paris, https://doi.org/10.1787/3f0192fe-fr.

ISBN 978-92-64-56871-6 (imprimé)
ISBN 978-92-64-45808-6 (pdf)

Talents à l'étranger
ISSN 2790-2846 (imprimé)
ISSN 2790-2854 (en ligne)

Crédits photo : Couverture © Colin Anderson/Blend Images/Inmagine LTD

Les corrigenda des publications sont disponibles sur : www.oecd.org/fr/apropos/editionsocde/corrigendadepublicationsdelocde.htm.
© OCDE 2022

L'utilisation de ce contenu, qu'il soit numérique ou imprimé, est régie par les conditions d'utilisation suivantes : https://www.oecd.org/fr/conditionsdutilisation.

Avant-propos

Les émigrés sont souvent considérés comme une perte pour leur pays d'origine, mais ils peuvent aussi jouer un rôle important pour la promotion du commerce et du développement économique, notamment en raison des compétences et du réseau qu'ils ont acquis à l'étranger. S'ils choisissent de revenir, leur réintégration sur le marché du travail et dans la société sera facilitée par le fait qu'ils parlent la langue locale, qu'ils détiennent du capital social spécifique et qu'ils possèdent des qualifications reconnues localement.

S'appuyer sur les ressources humaines des émigrés nécessite cependant de maintenir des liens avec eux et de mener des politiques adaptées aux besoins spécifiques de chaque communauté expatriée. Cela implique, comme condition préalable, d'être en mesure d'identifier précisément où, quand et pourquoi les individus ont émigré, leurs caractéristiques sociodémographiques et leurs compétences, ainsi que de bien comprendre la dynamique du phénomène migratoire et des aspirations des émigrés.

Les systèmes statistiques dans les pays d'origine sont généralement mal équipés pour entreprendre cet exercice d'observation. Il est donc utile, voire nécessaire, de construire un système d'information directement à partir de sources de données des pays de destination. Cet exercice est particulièrement difficile car cela implique de collecter des données, à partir de définitions et de concepts comparables, pour un grand nombre de pays à travers lesquels les émigrés sont dispersés. La base de données de l'OCDE sur les immigrés dans les pays de l'OCDE (DIOC), qui regroupe les données de recensement et les données d'enquête, permet d'identifier à travers le temps, les individus selon leur pays de naissance, leur niveau d'éducation et leur situation sur le marché du travail. Cette base de données est un outil puissant pour entreprendre cet exercice de cartographie, en particulier lorsqu'il est complété par des sources nationales disponibles (par exemple des données consulaires, des enquêtes spécifiques, ou bien des analyses de réseaux sociaux) et de nombreuses autres sources de données internationales.

Cette série de rapports par pays intitulée *Talents à l'étranger* vise à fournir une image précise, actualisée et dynamique des diasporas par pays d'origine. Sur cette base, et grâce aux expériences accumulées en matière de mobilisation des diasporas, il est possible de formuler des recommandations en termes de politiques publiques afin de renforcer les liens avec les émigrés et de mobiliser leurs compétences au profit du développement économique dans leur pays d'origine.

Le cinquième volume de cette série porte sur la Côte d'Ivoire. Ces dernières années, la Côte d'Ivoire connait un développement économique rapide et des transformations sociales et politiques profondes. Compte tenu de l'émigration non négligeable de la population ivoirienne depuis la fin du 20e et le début du 21e siècle et de l'émergence de besoins de main-d'œuvre, les autorités ivoiriennes, dont le Ministère de l'Intégration Africaine et des Ivoiriens de l'Extérieur, cherchent à mieux connaître ce vivier de talents installé à l'étranger. Pour répondre à ces besoins, cette étude a été commandée par l'agence de coopération internationale allemande pour le développement (*Deutsche Gesellschaft für Internationale Zusammenarbeit*, GIZ) et Expertise France dans le cadre du projet « Coopération Sud-Sud en matière de migration », financé par le Ministère fédéral allemand de la Coopération économique et du Développement et l'Union européenne.

Le projet Coopération Sud-Sud en matière de migration s'inscrit dans un partenariat entre quatre pays d'Afrique : le Maroc, le Mali, le Sénégal et la Côte d'Ivoire. Partenaire principal de ce projet, le Maroc au travers du Ministère Délégué auprès du Ministre des Affaires Étrangères, de la Coopération Africaine et des Marocains Résidant à l'étranger, chargé des Marocains Résidant à l'Étranger, est engagé depuis de nombreuses années dans le renforcement de sa coopération avec les pays subsahariens sur les questions migratoires. Des *memoranda* d'entente ont ainsi été signés, notamment avec la Côte d'Ivoire (en janvier 2015). Ces pays rencontrent des défis communs liés à l'élaboration et la mise en œuvre de leurs politiques migratoires, de développement, de mobilité, de réinsertion des migrants de retour et une coopération renforcée avec les administrations européennes. L'objectif est d'optimiser les effets bénéfiques de la migration, tant pour la Côte d'Ivoire que pour le Mali, le Maroc, le Sénégal et pour l'Union européenne.

L'analyse approfondie de la diaspora ivoirienne présentée dans cette publication de l'OCDE permet de déterminer le potentiel économique des émigrés. Elle représente une contribution majeure au projet de renforcement des connaissances sur les communautés ivoiriennes dans les pays de l'OCDE et d'Afrique. Combien y a-t-il d'émigrés, et où se trouvent-ils ? Sont-ils en âge de travailler, et quel est leur niveau d'éducation ? Quelles sont les évolutions récentes de leur nombre et leur profil socio-économique ? Dans quelle mesure participent-ils au marché du travail du pays d'accueil et quelles professions occupent-ils ? Quelle est leur motivation pour émigrer, et quels sont ceux qui reviennent ? Comment contribuent-ils au développement économique de la Côte d'Ivoire ?

Remerciements

Ce rapport a été rédigé par Thomas Calvo, Charlotte Levionnois, Sara Mouhoud et Gilles Spielvogel. Des contributions précieuses dans la collecte et l'analyse des données ont été apportées par Oscar Barrera, Elsa Gautrain, Taehoon Lee, Jordan Klein et Marion Richard. Cette publication a également bénéficié de la contribution d'Yves Breem. Le Secrétariat de l'OCDE tient à remercier le Ministère de l'Intégration Africaine et des Ivoiriens de l'Extérieur, le Ministère Délégué auprès du Ministre des Affaires Étrangères, de la Coopération Africaine et des Marocains Résidant à l'étranger, chargé des Marocains Résidant à l'Étranger, *Deutsche Gesellschaft für Internationale Zusammenarbeit* (GIZ) et Expertise France pour leur appui. Le Secrétariat de l'OCDE tient à remercier l'Union européenne et le Ministère allemand fédéral de la Coopération économique et du Développement (BMZ) sans le soutien desquels cette étude n'aurait pas été possible. Nos remerciements vont à Dominika Andrzejczak et Charlotte Baer pour leur assistance. Nous remercions Jean-Christophe Dumont et les membres de la Division migrations internationales de l'OCDE pour leurs commentaires.

L'analyse des données de l'Insee a été rendue possible grâce à une aide de l'État français gérée par l'Agence Nationale de la Recherche au titre du programme Investissements d'avenir portant la référence ANR-10-EQPX-17 (Centre d'accès sécurisé aux données – CASD).

La présente publication a été élaborée avec l'aide de l'Union européenne. Elle est publiée sous la responsabilité du Secrétaire général de l'OCDE. Les opinions et les interprétations exprimées ne reflètent pas nécessairement le point de vue de l'Union européenne, du BMZ, de la GIZ, d'Expertise France ou des pays membres de l'OCDE.

Table des matières

Avant-propos 3

Remerciements 5

Résumé 10

1 Tendances récentes de l'émigration ivoirienne 14
    En bref 15
    Contexte historique de l'émigration ivoirienne 15
    Flux migratoires récents de Côte d'Ivoire vers les pays de l'OCDE 17
    Une diminution récente des flux pour motif familial au profit des flux humanitaires 20
    Les souhaits d'émigration des Ivoiriens 23
    Conclusion 28
    Références 28
    Notes 29

2 Effectifs et caractéristiques socio-démographiques de la diaspora ivoirienne 30
    En bref 31
    Évolution récente des effectifs d'émigrés ivoiriens 32
    Distribution régionale des émigrés ivoiriens dans certains pays de destination 37
    Composition démographique de la diaspora ivoirienne 39
    Distribution de l'éducation parmi les émigrés ivoiriens dans les pays de l'OCDE 43
    Taux d'émigration vers les pays de l'OCDE 46
    Références 48

3 Situation des émigrés ivoiriens sur le marché du travail 49
    En bref 50
    Une insertion difficile des émigrés ivoiriens sur le marché travail 51
    Le taux d'emploi des émigrés ivoiriens les plus éduqués cache une inadéquation entre leur qualification et les emplois occupés 63
    Les émigrés ivoiriens sont surreprésentés dans les professions faiblement qualifiées 64
    L'emploi des émigrés ivoiriens est largement orienté vers les services en France et aux États-Unis 68
    Les descendants d'émigrés ivoiriens ne sont pas particulièrement pénalisés sur le marché du travail 70
    Conclusion 72
    Références 72

4 Aspects de l'intégration sociale des émigrés ivoiriens 73
En bref 74
Compétences et pratique de la langue des pays de destination 77
Acquisition de la nationalité des émigrés ivoiriens dans les pays de l'OCDE 80
Conclusion 85
Références 86
Notes 86

5 Les liens entre la Côte d'Ivoire et sa diaspora : contributions économiques et migrations de retour 87
En bref 88
Les transferts de fonds des émigrés ivoiriens 88
Les migrations de retour vers la Côte d'Ivoire 91
Références 92
Notes 92

Annexe A. Sources de données sur les émigrés ivoiriens 93
Références 96

Annexe B. Différentes définitions des Ivoiriens résidant à l'étranger 97

GRAPHIQUES

Graphique 1.1. Entrées annuelles de ressortissants de quelques pays de la CEDEAO dans les pays de l'OCDE, 2001-19 17
Graphique 1.2. Entrées annuelles de ressortissants ivoiriens dans les pays de l'OCDE, 2000-19 18
Graphique 1.3. Entrées annuelles de ressortissants ivoiriens dans les principaux pays de destination de l'OCDE, 2000-19 19
Graphique 1.4. Répartition par sexe des permis de séjour délivrés par la France et l'Italie aux ressortissants ivoiriens, 2012-19 20
Graphique 1.5. Permis de séjour délivrés par les pays européens de l'OCDE aux ressortissants ivoiriens, par catégorie d'admission, 2010-20 21
Graphique 1.6. Permis de séjour délivrés par la France et l'Italie aux ressortissants ivoiriens, par catégorie d'admission, 2010-20 22
Graphique 1.7. Permis de séjour délivrés par la France et l'Italie aux ressortissants ivoiriens par sexe et catégorie d'admission, 2020 22
Graphique 1.8. Intentions d'émigration dans les pays de l'UEMOA, 2010-18 24
Graphique 1.9. Intentions d'émigration pour différents groupes en Côte d'Ivoire, 2013-18 25
Graphique 1.10. Intentions d'émigration et opinions des personnes nées et résidant en Côte d'Ivoire, 2009-18 27
Graphique 1.11. Raisons principales du souhait d'émigration au sein de la population ivoirienne, 2016/18 27
Graphique 2.1. Population émigrée née dans les pays d'UEMOA et vivant dans les pays de l'OCDE, 2000 à 2020 33
Graphique 2.2. Effectif des émigrés ivoiriens dans les 25 principaux pays de destination 34
Graphique 2.3. Évolution des effectifs d'émigrés ivoiriens dans les principaux pays de destination de l'OCDE, 2000-20 35
Graphique 2.4. Distribution géographique des réfugiés ivoiriens, 2020 36
Graphique 2.5. Principaux pays de destination des étudiants ivoiriens en mobilité internationale, 2014 et 2019 37
Graphique 2.6. Distribution régionale des émigrés ivoiriens en France comparée à celle de l'ensemble des immigrés et de la population totale, 2018/19 38
Graphique 2.7. Distribution régionale des ressortissants ivoiriens en Italie comparée à celle de l'ensemble des étrangers et de la population totale, 2020 38
Graphique 2.8. Distribution régionale des émigrés ivoiriens en Espagne comparée à celle de l'ensemble des immigrés et de la population totale, 2020 39

Graphique 2.9. Part des femmes parmi les émigrés nés en Côte d'Ivoire et dans les autres pays de l'UEMOA résidant dans les pays de l'OCDE, 2015/16 — 40

Graphique 2.10. Distribution par groupe d'âge des émigrés ivoiriens dans les pays de l'OCDE et de différents groupes de comparaison, 2015/16 — 41

Graphique 2.11. Distribution par âge et sexe de la population des émigrés ivoiriens dans quelques pays de destination de l'OCDE, 2015/16 — 41

Graphique 2.12. Distribution des émigrés ivoiriens selon leur durée de séjour dans les pays de destination de l'OCDE, 2015/16 — 42

Graphique 2.13. Distribution des émigrés ivoiriens selon leur durée de séjour dans leurs principaux pays de destination de l'OCDE, 2015/16 — 43

Graphique 2.14. Distribution de l'éducation parmi les émigrés ivoiriens dans les pays de l'OCDE et différents groupes de comparaison, 2000/01 et 2015/16 — 44

Graphique 2.15. Distribution de l'éducation parmi les émigrés nés en Côte d'Ivoire et dans les autres pays de l'UEMOA résidant dans les pays de l'OCDE, 2015/16 — 44

Graphique 2.16. Distribution de l'éducation parmi les émigrés nés en Côte d'Ivoire selon leur pays de résidence, 2015/16 — 45

Graphique 2.17. Distribution de l'éducation parmi les émigrés nés en Côte d'Ivoire selon le sexe, 2000/01 et 2015/16 — 46

Graphique 2.18. Taux d'émigration des pays de l'UEMOA vers les pays de l'OCDE, 2000/01 et 2015/16 — 47

Graphique 2.19. Taux d'émigration des personnes nées en Côte d'Ivoire, selon le sexe et le niveau d'éducation, 2015/16 — 48

Graphique 3.1. Statut d'activité des émigrés ivoiriens en âge de travailler selon le pays de destination dans les pays de l'OCDE, 2015/16 — 52

Graphique 3.2. Taux d'emploi des émigrés selon le pays de naissance et le pays de destination dans les pays de l'OCDE, 2015/16 — 53

Graphique 3.3. Évolution du taux d'emploi des émigrés ivoiriens selon le temps écoulé depuis l'arrivée en France, en Italie et au États-Unis, 2017/19 2017/20 — 53

Graphique 3.4. Taux d'emploi selon le genre et le statut dans l'emploi des émigrés ivoiriens au Mali et en Côte d'Ivoire, 2016 et 2013 — 55

Graphique 3.5. Taux d'emploi des émigrés selon le pays de naissance dans les pays de l'OCDE, 2010/11 et 2015/16 — 56

Graphique 3.6. Taux d'emploi des émigrés selon le pays de naissance et le pays de destination dans les pays de l'OCDE, 2010/11 et 2015/16 — 57

Graphique 3.7. Évolution du taux d'emploi des émigrés ivoiriens selon leur genre en France entre 2011 et 2020 — 58

Graphique 3.8. Taux d'emploi des émigrés selon le genre et le pays de naissance dans les pays de l'OCDE, 2015/16 — 59

Graphique 3.9. Taux d'emploi des émigrés selon le genre, le pays de naissance et le pays de destination dans les pays de l'OCDE, 2015/16 2017/19 et 2017/20 — 60

Graphique 3.10. Taux d'emploi des émigrés selon le niveau d'étude atteint et le pays de naissance dans les pays de l'OCDE, 2015/16 — 61

Graphique 3.11. Taux d'emploi des émigrés selon le niveau d'étude atteint, le pays de naissance et le pays de destination dans les pays de l'OCDE, 2015/16 — 62

Graphique 3.12. Taux de déclassement des émigrés selon le pays de naissance et le pays de destination dans les pays de l'OCDE, 2015/16 — 64

Graphique 3.13. Professions des émigrés ivoiriens selon le genre dans les pays de l'OCDE, 2015/16 — 66

Graphique 3.14. Professions des émigrés ivoiriens selon le pays de destination dans les pays de l'OCDE, 2015/16 — 67

Graphique 3.15. Professions des émigrés ivoiriens selon le niveau d'éducation et la nationalité en France, 2017/20 — 68

Graphique 3.16. Professions des émigrés ivoiriens selon le genre aux États-Unis, 2017/19 — 69

Graphique 3.17. Secteur d'activité des travailleurs émigrés ivoiriens en France, en Italie et aux États-Unis, 2017/20 et 2017/19 — 70

Graphique 3.18. Professions selon le genre des individus nés d'au moins un parent émigré ivoirien en France, 2017/20 — 71

Graphique 4.1. Évolution du nombre de décès enregistrés en France entre 2019 et 2020, selon le pays de naissance des personnes décédées et le genre — 76

Graphique 4.2. Scores de littératie et numératie des 16 ans et plus selon le pays de naissance dans les pays de l'OCDE, 2012 — 77

Graphique 4.3. Maîtrise de l'anglais des émigrés ivoiriens aux États-Unis, 2017/19 — 79

Graphique 4.4. Maîtrise de l'anglais des émigrés ivoiriens selon la durée de séjour aux États-Unis, 2017/19 — 80

Graphique 4.5. Acquisitions annuelles de la nationalité des principaux pays de destination de l'OCDE des émigrés ivoiriens, 2000/2019 — 81

Graphique 4.6. Émigrés de l'UEMOA ayant la nationalité du pays de l'OCDE de destination selon le pays de naissance, 2015/16 — 82

Graphique 4.7. Émigrés ivoiriens ayant la nationalité des principaux pays de destination de l'OCDE, 2015/16 — 83

Graphique 4.8. Émigrés ivoiriens ayant acquis la nationalité française, américaine et italienne selon la durée de séjour, 2017/19 et 2017/20 — 84

Graphique 4.9. Émigrés ivoiriens ayant acquis la nationalité française et américaine selon la durée de séjour et le niveau d'éducation, 2017/19 — 85

Graphique 5.1. Transferts de fonds, aide publique au développement et investissements directs reçus par la Côte d'Ivoire, 2005-20 — 89

Graphique 5.2. Transferts de fonds reçus par la Côte d'Ivoire et les autres pays de l'UEMOA, 2020 — 90

TABLEAUX

Tableau 3.1. Taux d'emploi des émigrés ivoiriens selon leur nationalité en France, en Italie et aux États-Unis, 2017-20 et 2017-19 — 54

Tableau 3.2. Taux d'emploi des descendants d'immigrés selon l'âge, le genre et le niveau d'éducation et taux de déclassement en France, 2017/20 — 71

Suivez les publications de l'OCDE sur :

 http://twitter.com/OECD_Pubs

 http://www.facebook.com/OECDPublications

 http://www.linkedin.com/groups/OECD-Publications-4645871

 http://www.youtube.com/oecdilibrary

 http://www.oecd.org/oecddirect/

Résumé

Les flux d'émigration en provenance de Côte d'Ivoire vers l'OCDE ont plus que triplé depuis le début des années 2000

Les flux migratoires depuis la Côte d'Ivoire vers les pays de l'OCDE ont fortement augmenté, passant d'environ 3 800 en 2000 à près de 13 500 personnes en 2019. Cela correspond à des flux relativement élevés pour les pays de la Communauté des États d'Afrique de l'Ouest (CEDEAO) bien qu'ils soient significativement inférieurs aux flux en provenance du Sénégal, du Ghana et du Nigéria. L'émigration ivoirienne est principalement dirigée vers la France et l'Italie, et de manière croissante vers les États-Unis et le Canada. Les flux migratoires depuis la Côte d'Ivoire se font toutefois majoritairement au sein de la CEDEAO et le Burkina Faso reste le premier pays de destination des Ivoiriens en Afrique de l'Ouest.

Les flux récents sont partagés entre les motifs familiaux et humanitaires

Les flux migratoires récents de Côte d'Ivoire vers les pays européens sont principalement des flux pour motifs familial et humanitaire. En moyenne entre 2010 et 2015, la moitié des permis de séjour délivrés aux ressortissants ivoiriens l'étaient pour des motifs familiaux. À partir de 2015, la part des permis de séjour pour motif humanitaire a substantiellement augmenté. En 2020, environ un tiers des permis étaient délivrés pour motif familial et humanitaire respectivement, tandis que 23 % l'étaient pour des motifs d'études et 12 % pour des motifs professionnels. Le type de permis délivrés aux ressortissants ivoiriens varie significativement selon le pays de destination. La France octroie par exemple un nombre substantiel de permis pour motif d'études aux ressortissants ivoiriens.

Des intentions d'émigrer élevées, particulièrement chez les jeunes et les diplômés du supérieur

Près d'un tiers des Ivoiriens indiquaient souhaiter quitter leur pays pour vivre de façon permanente à l'étranger entre 2013 et 2018. Ces intentions d'émigration sont particulièrement élevées parmi les diplômés du supérieur, les chômeurs et les jeunes. La situation de l'emploi et particulièrement la situation défavorable des jeunes diplômés sur le marché du travail en Côte d'Ivoire peut notamment expliquer cette répartition des intentions d'émigration.

Près d'un-quart de million d'émigrés ivoiriens vivent dans les pays de l'OCDE

Avec environ 240 000 émigrés ivoiriens résidant dans les pays de l'OCDE en 2020, la Côte d'Ivoire est le deuxième pays de l'UEMOA avec le plus grand nombre d'émigrés résidant dans les pays de l'OCDE, après le Sénégal mais avant le Mali. Le nombre d'émigrés ivoiriens a augmenté de 245 % depuis 2000 ; 70 000 émigrés ivoiriens résidaient alors dans les pays de l'OCDE. La France est de loin le premier pays de destination de l'OCDE des émigrés ivoiriens : environ 143 000 émigrés ivoiriens y résident (2020). Viennent ensuite l'Italie (plus de 34 000 émigrés ivoiriens en 2020) et les États-Unis (environ 25 000 personnes).

La grande majorité des émigrés ivoiriens réside toutefois sur le continent africain

Les estimations les plus récentes font état d'environ 1.15 million d'émigrés ivoiriens résidant dans le monde en 2020. Près de 80 % d'entre eux résideraient en Afrique de l'Ouest, soit environ 900 000 émigrés. Les principaux pays de destination des émigrés ivoiriens sont le Burkina Faso et le Mali. Le Ghana, le Bénin, le Libéria ainsi que le Maroc sont également des destinations importantes des émigrés ivoiriens en Afrique.

Les femmes émigrées ivoiriennes sont les mieux représentées parmi les émigrés des pays de l'UEMOA

La diaspora ivoirienne est la plus féminisée des pays de l'UEMOA : en 2015/16, 49 % des émigrés ivoiriens vivant dans les pays de l'OCDE étaient des femmes. Bien que cette proportion reste légèrement inférieure à celle de l'ensemble des immigrés dans l'OCDE, elle est significativement supérieure à celle de l'ensemble des émigrés de l'UEMOA (42 %). Le nombre de femmes nées en Côte d'Ivoire résidant dans les pays de l'OCDE a augmenté plus rapidement que le nombre d'hommes entre 2000/01 et 2015/16. La proportion de femmes parmi les émigrés ivoiriens est particulièrement élevée en France (55 %) et nettement plus faible en Italie (33 %).

Le niveau d'éducation des émigrés ivoiriens a augmenté au cours des dernières décennies

En 2015/2016, ils étaient un tiers à avoir suivi un enseignement supérieur et environ autant à avoir un niveau d'éducation faible (36 %). La part d'émigrés ivoiriens ayant niveau d'éducation élevé est supérieure de plus de 10 points de pourcentage à celles des émigrés sénégalais ou maliens. Les émigrés ivoiriens dans les pays de l'OCDE sont très nettement plus éduqués que l'ensemble de la population ivoirienne, reflétant la très forte sélection positive de l'émigration des pays en développement vers les pays de l'OCDE. Les diplômés du supérieur sont relativement mieux représentés dans les pays anglo-saxons.

Le taux d'émigration des Ivoiriens vers l'OCDE est relativement faible

En 2015/2016, le taux d'émigration des Ivoiriens dans les pays de l'OCDE était de 1.4 %, largement inférieur à celui de nombreux autres pays d'Afrique. Cela s'explique notamment par le caractère relativement récent de l'émigration ivoirienne. Cependant, ce taux augmente beaucoup avec le niveau d'éducation, il atteint près de 10 % pour les diplômés du supérieur. Il est aussi plus élevé pour les femmes que pour les hommes et l'est d'autant plus que leur niveau d'éducation est élevé.

Une insertion sur le marché du travail des émigrés ivoiriens difficile mais inégale selon les pays de destination

Parmi les 189 000 émigrés ivoiriens en âge de travailler dans les pays de l'OCDE, 61 % étaient en emploi en 2015/2016. Ce taux, similaire à celui de l'ensemble des émigrés de l'UEMOA, était significativement inférieur à celui de l'ensemble des immigrés et des natifs de l'OCDE. Ces niveaux d'emploi diffèrent selon les pays de destination : le taux d'emploi des émigrés ivoiriens est plus élevé aux États-Unis qu'en France ou en Italie.

Les femmes nées en Côte d'Ivoire accèdent à l'emploi plus difficilement que les hommes dans les pays de l'OCDE : 55 % d'entre elles sont en emploi, contre 67 % des hommes. Ces différences s'expliquent par l'immigration plus récente des femmes. La durée de séjour, comme l'acquisition de la nationalité du pays de destination, facilitent ainsi l'accès à l'emploi. Enfin, l'insertion sur le marché du travail s'améliore avec le niveau d'éducation des émigrés ivoiriens : les émigrés ivoiriens diplômés du supérieur étaient 71 % à avoir un emploi contre 51 % de ceux avec un niveau d'éducation faible.

Les émigrés ivoiriens sont surreprésentés dans les professions faiblement qualifiées

La meilleure insertion des émigrés ivoiriens avec un niveau d'étude supérieur cache une inadéquation entre leur qualification et les emplois occupés dans les pays de l'OCDE. Près de la moitié d'entre eux occupait un emploi ne nécessitant pas un tel niveau d'éducation en 2015/2016. Si les taux de déclassement varient d'un pays de destination à l'autre, ils sont plus élevés pour les émigrés ivoiriens n'ayant pas fait leurs études dans le pays de destination ou n'ayant pas la nationalité du pays d'accueil.

Les émigrés ivoiriens sont surreprésentés dans les professions les moins qualifiées. Environ un quart des actifs occupés nés en Côte d'Ivoire travaillaient comme personnels des services aux particuliers ou comme commerçants en 2015/2016. Plus de 20 % des émigrés ivoiriens en emploi dans les pays de l'OCDE occupaient une profession élémentaire. Près d'un tiers des émigrés ivoiriens occupent un poste hautement qualifié, mais cette part est plus faible parmi les femmes.

La majorité des émigrés ivoiriens n'a pas la nationalité de leur pays d'accueil

Au cours des 20 dernières années, le nombre annuel d'acquisitions de la nationalité des pays de l'OCDE par les émigrés ivoiriens est passé d'environ 1 800 à 7 200. Initialement dominées par des naturalisations en France, les acquisitions reflètent dorénavant la diversification récente des flux d'émigration vers les États-Unis, le Canada ou l'Italie.

Dans l'ensemble des pays de l'OCDE, moins de la moitié (45 %) des émigrés ivoiriens ont la nationalité de leur pays d'accueil, une proportion inférieure à celle de l'ensemble des immigrés dans l'OCDE (50 %) mais supérieure à celle des émigrés de l'UEMOA (40 %). Cette proportion varie selon le pays d'accueil : elle est particulièrement faible en Italie mais relativement élevée au Royaume-Uni et en France. Ces différences s'expliquent notamment par les législations nationales et le caractère plus ou moins récent de l'immigration ivoirienne dans ces pays.

Les transferts de fonds des émigrés ivoiriens s'élevaient à environ 330 millions USD en 2019

Les transferts de fonds des émigrés ivoiriens se sont élevés à 330 millions USD en 2019. Le ratio entre les transferts de fonds et le PIB a diminué depuis 2005, passant de près de 1 % à 0.5 % en 2019/20. Par rapport à l'aide publique au développement et aux investissements directs étrangers, et au vu de leur poids limité dans le PIB, les transferts de fonds des migrants représentent une ressource financière encore modeste pour l'économie ivoirienne. La Côte d'Ivoire est le seul pays de l'UEMOA à être émetteur net de transferts de fonds, compte tenu de sa position régionale comme pays d'immigration. En 2019, les transferts émis depuis la Côte d'Ivoire étaient trois fois supérieurs aux transferts reçus depuis l'étranger.

La valorisation des compétences des migrants de retour nécessite un renforcement de la collecte de données sur les retours

Compte tenu de l'absence de données sur les migrations de retour en Côte d'Ivoire, qui pourraient être fondées sur le recensement de la population ou sur des enquêtes auprès des ménages, il est très difficile de donner une évaluation quantitative du phénomène de migration de retour en Côte d'Ivoire. L'OIM et le gouvernement ivoirien indiquent avoir assisté le retour d'environ 2 500 personnes par an ces dernières années. Pour l'essentiel, ces personnes assistées ont été prises en charge hors des pays de l'OCDE, principalement en Afrique du Nord et dans les autres pays d'Afrique de l'Ouest.

1 Tendances récentes de l'émigration ivoirienne

Ce chapitre examine les tendances récentes de l'émigration en provenance de Côte d'Ivoire vers les principaux pays de destination de l'OCDE et de l'Afrique de l'Ouest. La Côte d'Ivoire étant traditionnellement un pays d'immigration, le phénomène d'émigration est relativement récent et les flux migratoires ont augmenté de manière significative au cours des 20 dernières années. Afin de mieux comprendre cette évolution récente, ce chapitre retrace tout d'abord le contexte historique de l'émigration ivoirienne pendant la seconde moitié du 20e siècle. Le chapitre examine ensuite l'évolution récente des flux d'émigration en provenance de Côte d'Ivoire vers les pays de l'OCDE, puis analyse la nature de ces flux grâce aux données sur les catégories de titres délivrés aux ressortissants ivoiriens dans les principaux pays de destination de l'OCDE. Enfin, la dernière section examine les intentions d'émigration au sein de la population ivoirienne, et les principaux facteurs explicatifs de ces souhaits d'émigration.

En bref

Principaux résultats

- Les flux d'émigration en provenance de Côte d'Ivoire vers les pays de l'OCDE ont fortement augmenté entre 2000 et 2019, passant d'environ 3 800 personnes en 2000 à près de 13 500 en 2019. Entre 2015 et 2019, ce nombre a fluctué entre 10 000 et 15 000 personnes environ.
- L'émigration ivoirienne vers les pays de l'OCDE est très largement dirigée vers la France et l'Italie et de manière croissante vers les États-Unis et le Canada.
- La part des migrations familiales dans les titres de séjour octroyés aux ressortissants ivoiriens par les pays européens a diminué depuis 2010 parallèlement à l'augmentation des permis délivrés pour motif humanitaire en Italie et pour motif d'études en France.
- Les flux migratoires depuis la Côte d'Ivoire se font majoritairement au sein de la CEDEAO et le Burkina Faso reste de loin le premier pays de destination des ressortissants ivoiriens en Afrique de l'Ouest, suivi du Mali.
- Les intentions d'émigrer au sein de la population ivoirienne sont relativement élevées : 32 % des Ivoiriens indiquent souhaiter quitter leur pays pour vivre de façon permanente à l'étranger, ce qui est supérieur à la moyenne de l'ensemble des personnes résidant dans les pays de l'UEMOA (28 %), mais inférieur à la moyenne de l'Afrique sub-saharienne (37 %).
- Il existe toutefois un décalage entre l'intention d'émigrer et la concrétisation du départ : un peu plus d'un quart des Ivoiriens souhaitant émigrer envisageaient de le faire dans un délai d'un an.
- Les intentions d'émigrer sont particulièrement élevées parmi les personnes diplômées du supérieur (49 %), les chômeurs (45 %) et les jeunes (42 %).
- Pour la plupart des personnes ayant l'intention d'émigrer, ce souhait est lié à une situation économique ou d'emploi difficile.

Contexte historique de l'émigration ivoirienne

La Côte d'Ivoire est historiquement un pays d'immigration

La Côte d'Ivoire a longtemps été, et demeure encore, un pays d'immigration. Les mouvements migratoires massifs vers la Côte d'Ivoire ont été principalement déclenchés par la colonisation en Afrique de l'Ouest à partir de la fin du 19e siècle. Entre les deux guerres mondiales, les mouvements migratoires vers la Côte d'Ivoire étaient caractérisés par le déplacement de nombreux travailleurs forcés. Dans les années 1950, les flux d'immigration étaient majoritairement composés de travailleurs saisonniers en provenance d'autres colonies d'Afrique de l'Ouest, venus pour travailler dans le Sud du pays dans les plantations de café et de cacao et les exploitations forestières (Kipré, 2006[1]).

Après l'indépendance du pays en 1960, le Président Félix Houphouët-Boigny a instauré une politique d'immigration ouverte visant à attirer la main d'œuvre étrangère pour maximiser l'exploitation des richesses agricoles ivoiriennes et ainsi faire de la Côte d'Ivoire un exportateur majeur de produits agricoles. Entre 1960 et 1980, la Côte d'Ivoire a connu une période de forte croissance économique, rendant le pays particulièrement attractif pour les résidents des pays voisins de la région, et plus précisément des zones de la savane et du Sahel, notamment du Burkina Faso et du Mali. Le dynamisme du port d'Abidjan, les cultures de cacao, de café, puis l'exploitation du bois et du palmier à huile étaient les principaux secteurs attractifs du pays. Dès lors, les flux d'immigration en direction de la Côte d'Ivoire se sont intensifiés dans les années 1970, notamment en raison des nombreuses crises climatiques et politiques, survenues dans les pays du Sahel lors de cette période, provoquant le déplacement de nombreux ressortissants ouest-africains. De plus, le gouvernement a mis en place des mesures visant à attirer la main d'œuvre étrangère, telles que l'accès à la propriété foncière pour les personnes étrangères (Kipré, 2006[1]).

La Côte d'Ivoire a signé en 1979 le protocole de la Communauté Économique des États de l'Afrique de l'Ouest (CEDEAO) sur la libre circulation des personnes, le droit de résidence et d'établissement. Le protocole de 1986 a garanti l'accès à une activité économique pour les ressortissants des pays membres de la CEDEAO. La Côte d'Ivoire est donc très vite devenue le premier pays de destination des migrants en Afrique de l'Ouest, devant le Ghana et le Sénégal.

Des mouvements d'émigration engendrés notamment par les crises économiques et politiques

L'émigration ivoirienne a été pendant longtemps un phénomène relativement mineur et les Ivoiriens émigraient peu : après l'indépendance en 1960 et jusqu'en 1980 environ, des ressortissants ivoiriens quittaient le pays dans le but d'étudier à l'étranger et une petite partie d'entre eux restait dans les pays de destination pour travailler (OIM, 2016[2]). Les mouvements migratoires des résidents ivoiriens se faisaient principalement à l'intérieur du pays, notamment du Nord vers le Sud, qui offrait de meilleures conditions de vie et des salaires plus élevés (OCDE/CIRES, 2017[3]).

À partir de 1980, comme de nombreux pays d'Afrique sub-Saharienne, la Côte d'Ivoire a connu une période de crise économique prolongée dans le cadre de l'adoption des plans d'ajustement structurels. Les flux d'immigration ont ralenti en raison de la moindre attractivité de la Côte d'Ivoire. Les effets délétères de la crise économique et l'absence d'une politique d'intégration effective des immigrés ont engendré l'instauration d'un discours politique de « préférence nationale » hostile à l'égard des immigrés en Côte d'Ivoire et des politiques migratoires restrictives ont été mises en place dans les années 1980 et 1990, telles que l'instauration de la carte de séjour en 1990 et la mise en place d'une politique « d'ivoirisation des emplois » (OCDE/OIT, 2018[4]). En plus de la crise économique, les crises successives qui ont suivies, notamment le coup d'État militaire en 1999, la crise politico-militaire de 2002 et la crise postélectorale de 2011, ont conduit à une réelle réduction des flux d'immigration et à une augmentation des migrations de retour des immigrés vers leurs pays d'origine, notamment le Burkina Faso. Entre 2002 et 2004, les autorités burkinabés ont estimé que 600 000 ressortissants burkinabés sont revenus de Côte d'Ivoire pour vivre au Burkina Faso (OCDE/OIT, 2018[4]).

Parallèlement, les effets de la crise économique sur les conditions de vie, l'accès à l'emploi et aux services sociaux, ainsi que la crise politico-militaire de 2002, ont conduit à l'émergence et à l'accroissement d'une émigration en provenance de Côte d'Ivoire. Ces flux d'émigration nouveaux se sont principalement dirigés vers d'autres pays d'Afrique de l'Ouest, notamment le Burkina Faso, mais aussi vers l'Europe, particulièrement vers la France en raison de l'histoire coloniale et des liens historiques et linguistiques qui existent entre les deux pays. Les crises politiques successives ont engendré le déplacement de milliers de réfugiés ivoiriens, essentiellement dans les pays voisins et en Europe (OIM, 2009[5]).

La création en 2012, de la Direction générale des Ivoiriens de l'Extérieur au sein du Ministère de l'Intégration Africaine et des Ivoiriens de l'Extérieur, reflète l'importance récente du phénomène d'émigration en Côte d'Ivoire. Toutefois, malgré le recul de l'immigration et l'accroissement de l'émigration, la Côte d'Ivoire reste un important pays d'accueil d'immigrés venant des autres pays d'Afrique de l'Ouest.

Flux migratoires récents de Côte d'Ivoire vers les pays de l'OCDE

Depuis 2015, entre 10 000 et 15 000 Ivoiriens émigrent chaque année vers les pays de l'OCDE

Parmi les pays membres de la Communauté Économique des États d'Afrique de l'Ouest (CEDEAO), la Côte d'Ivoire ne fait pas partie des pays dont les flux migratoires vers les pays de l'OCDE sont les plus élevés. En moyenne, entre 2000 et 2019, les flux migratoires depuis le Nigéria, le Sénégal et le Ghana étaient supérieurs à ceux de la Côte d'Ivoire. Les flux migratoires depuis la Côte d'Ivoire vers les pays de l'OCDE ont atteint près de 13 500 personnes en 2019 (fluctuant entre 10 000 et 15 000 depuis 2015), soit environ 10 000 de moins que les flux migratoires en provenance du Sénégal ou du Ghana, tandis que les flux depuis le Nigéria étaient de l'ordre de 70 000 personnes par an. Le volume des flux migratoires en provenance de Côte d'Ivoire est proche de celui des flux depuis la Guinée et le Mali (Graphique 1.1).

Entre 2000 et 2010, la croissance des flux d'émigration de la Côte d'Ivoire vers les pays de l'OCDE a été relativement proche de celle du Sénégal et du Mali. À partir de 2010, cette croissance a été relativement forte (47 %), supérieure à celle du Mali (39 %), du Ghana (31 %) et du Sénégal (18 %), mais inférieure à la croissance considérable des flux depuis la Gambie, la Guinée et la Guinée-Bissau, qui ont cru de plus de 110 %.

Graphique 1.1. Entrées annuelles de ressortissants de quelques pays de la CEDEAO dans les pays de l'OCDE, 2001-19

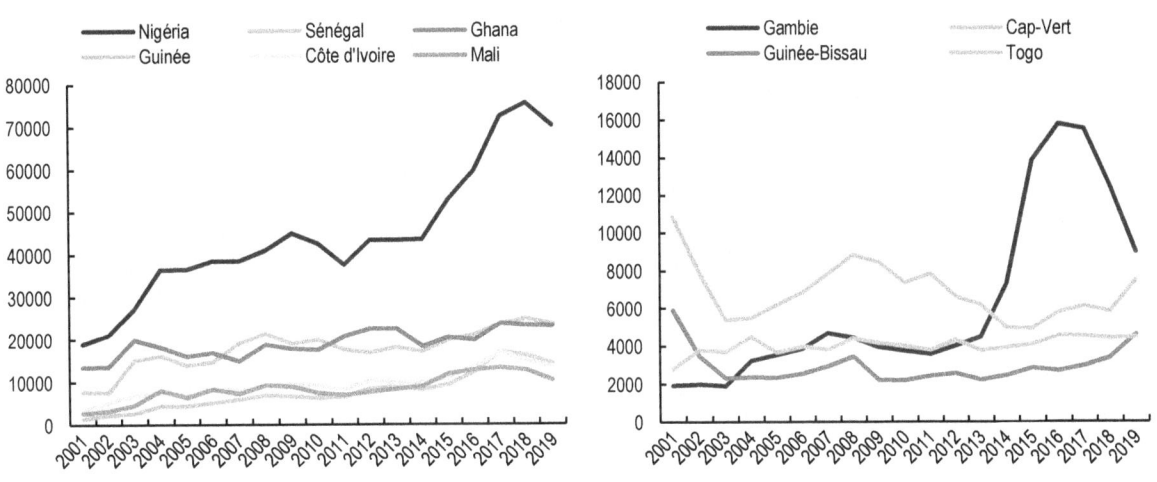

Source : Base de données de l'OCDE sur les migrations internationales (2020).

Une augmentation significative des flux au cours des 20 dernières années

Bien que la Côte d'Ivoire reste un pays de destination majeur pour les migrants en Afrique de l'Ouest, le pays a récemment connu une augmentation importante de l'émigration de ses ressortissants, à la fois vers les pays voisins d'Afrique de l'Ouest et vers les pays de l'OCDE. Comme l'indiquent les chiffres issus de la *Base de données de l'OCDE sur les migrations internationales* (cf. Annexe A), le nombre d'entrées annuelles en provenance de Côte d'Ivoire dans les pays de l'OCDE a fortement augmenté au cours des 20 dernières années, passant d'environ 3 800 en 2000 à 9 500 en 2009 et à près de 13 500 en 2019 (Graphique 1.2). À la suite de la crise post-électorale de 2010-11, on a observé une intensification des flux d'émigration : le nombre d'entrées de ressortissants ivoiriens dans les pays de l'OCDE a augmenté de 25 % entre 2011 et 2012, puis de 73 % entre 2014 et 2017.

Graphique 1.2. Entrées annuelles de ressortissants ivoiriens dans les pays de l'OCDE, 2000-19

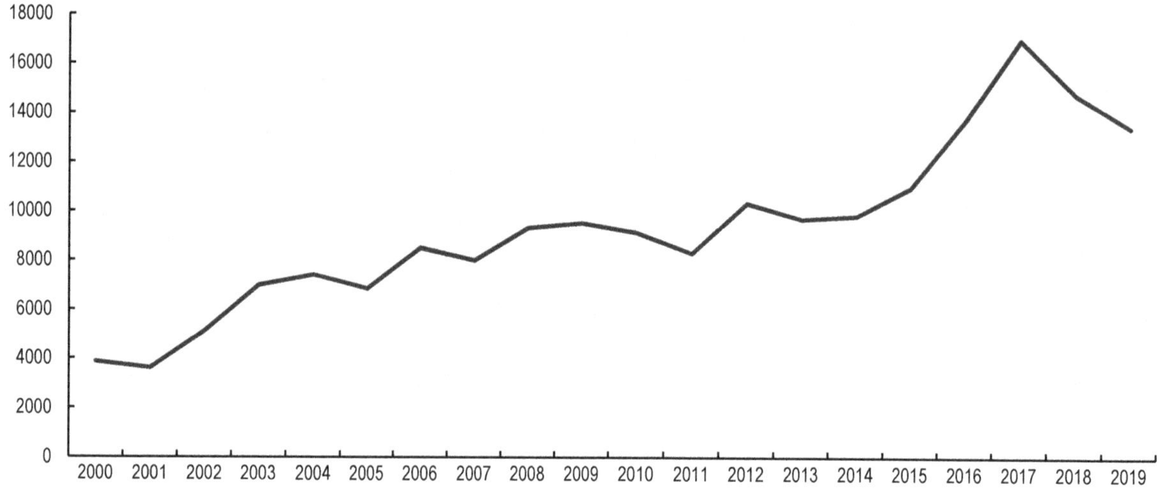

Note : Les chiffres présentés sont la somme des entrées brutes pour les pays pour lesquels ces données sont disponibles.
Source : Base de données de l'OCDE sur les migrations internationales (2020).

Les flux d'émigration des ressortissants ivoiriens vers les pays de l'OCDE sont dirigés vers cinq principaux pays de destination : la France, l'Italie, le Canada, les États-Unis et l'Allemagne, qui ont absorbé en moyenne 91 % des flux de ressortissants ivoiriens dans les pays de l'OCDE entre 2000 et 2019 (Graphique 1.3). La France et l'Italie sont de loin les deux principaux pays de destination de l'OCDE des ressortissants ivoiriens, avec plus de 60 % des flux à destination de ces deux pays. Les flux vers la France ont plus que triplé au cours des 20 dernières années, une croissance essentiellement concentrée entre 2000 et 2004 et entre 2014 et 2017. La France est restée le premier pays de destination des Ivoiriens au cours des 20 dernières années, à l'exception des années 2016 et 2017 durant lesquelles les migrations vers l'Italie ont dépassé les flux dirigés vers la France.(Graphique 1.3).

La croissance particulièrement forte du nombre de premiers titres de séjour délivrés par les pays européens de l'OCDE aux ressortissants ivoiriens (calculés à partir des données recueillies par Eurostat – voir Annexe A) entre 2014 et 2017 s'explique par une augmentation considérable du nombre de permis délivrés par l'Italie (près de 120 % de croissance entre 2015 et 2017), tandis que le nombre de permis délivrés par la France est resté relativement stable. Cette augmentation des permis de séjour délivrés par l'Italie concernait essentiellement des permis de courte durée : environ 80 % des permis délivrés en 2016 et 2017 avaient une durée de validité inférieure à un an. Cette augmentation coïncide aussi avec une forte croissance des demandes d'asile de ressortissants ivoiriens en Italie (de 1 500 en 2014 à 8 400 en 2017). Il s'agit donc essentiellement de flux migratoires humanitaires. Depuis 2018, le nombre de permis de séjour délivrés par l'Italie a considérablement baissé (de près de 70 %).

Depuis le début des années 2000, les émigrés ivoiriens ont diversifié leurs pays de destination. Le Canada et les États-Unis sont progressivement devenus les deux pays de destination de l'OCDE les plus importants des ressortissants ivoiriens après la France et l'Italie, et ont accueilli en moyenne 22 % des ressortissants ivoiriens au cours de la période 2000-19. Les flux de ressortissants ivoiriens vers les États-Unis ont plus que triplé, passant d'environ 450 en 2000 à près de 1 400 en 2019, une croissance essentiellement concentrée dans les années 2000, les États-Unis étant alors la principale destination des émigrés ivoiriens hors de l'Europe. Cependant, les flux d'émigration vers le Canada ont augmenté rapidement et représentent la moitié des flux vers l'Amérique du Nord depuis 2014.

Graphique 1.3. Entrées annuelles de ressortissants ivoiriens dans les principaux pays de destination de l'OCDE, 2000-19

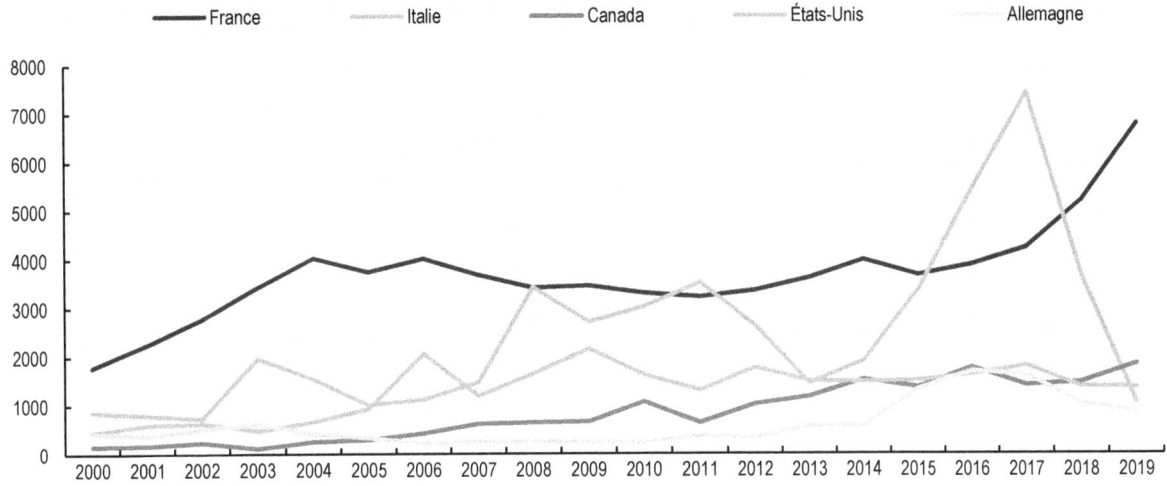

Source : Base de données de l'OCDE sur les migrations internationales (2020). Pour l'Italie : Istat (2020).

Relativement à d'autres pays d'Afrique de l'Ouest, la répartition par genre des flux migratoires ivoiriens vers les pays européens de l'OCDE est équilibrée. Comme le montre le Graphique 1.4, le nombre de permis délivrés aux femmes ivoiriennes par la France entre 2012 et 2014 était légèrement supérieur au nombre de permis délivrés aux hommes. La part des hommes a toutefois augmenté au cours de la décennie et les hommes représentent la majorité des récipiendaires de permis depuis 2016. Cependant, en Italie, à partir de 2015, les hommes étaient surreprésentés parmi les ressortissants ivoiriens recevant un titre de séjour : en 2016, près de 4 500 titulaires étaient des hommes et seulement 920 étaient des femmes. Ce déséquilibre s'est légèrement atténué par la suite : 63 % des permis délivrés aux ressortissants ivoiriens par l'Italie en 2019 l'ont été à des hommes.

Graphique 1.4. Répartition par sexe des permis de séjour délivrés par la France et l'Italie aux ressortissants ivoiriens, 2012-19

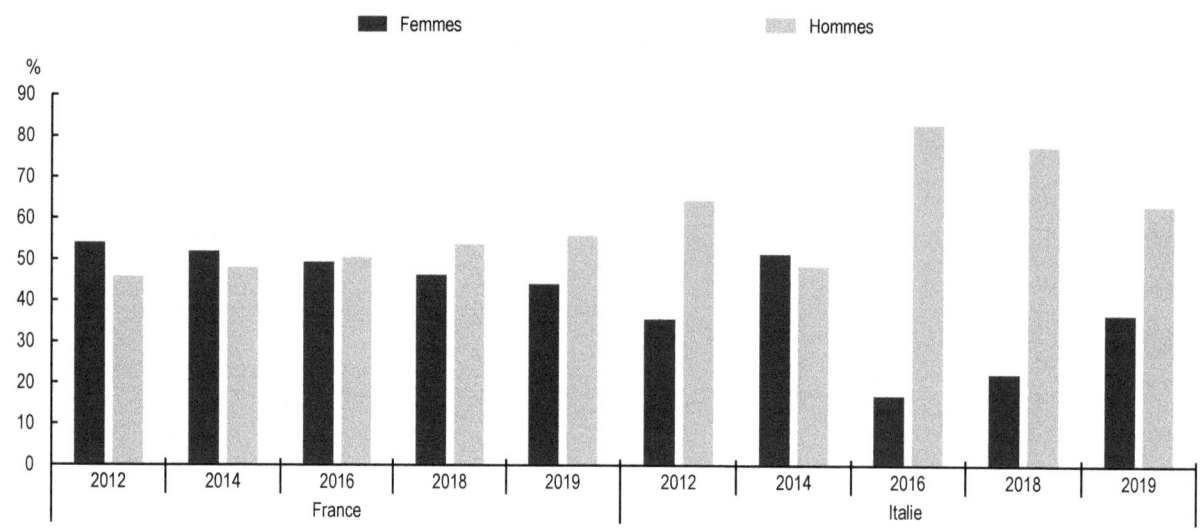

Source : Eurostat, 2020 (base de données « Permis délivrés pour la première fois par raison, âge, sexe et nationalité »).

Une diminution récente des flux pour motif familial au profit des flux humanitaires

La majorité des permis de séjour délivrés par les pays européens de l'OCDE étaient délivrés pour des motifs familiaux entre 2010 et 2015 (Graphique 1.5) [1]. En 2015, ces derniers représentaient près de 55 % des permis délivrés aux ressortissants ivoiriens, tandis que 23 % des permis étaient délivrés pour motifs d'études, 6 % pour des motifs professionnels et 17 % pour des motifs « Autre », catégorie qui comprend essentiellement des permis délivrés pour des motifs humanitaires. Entre 2015 et 2020, la part du motif familial dans les flux a substantiellement diminué : en 2020, seulement un tiers des permis étaient délivrés pour des motifs familiaux, soit une baisse de près de 20 points de pourcentage depuis 2015. Parallèlement, le nombre de permis délivrés aux ressortissants ivoiriens pour des motifs humanitaires a considérablement augmenté, ces derniers représentant plus de la moitié des permis en 2017 et environ un tiers en 2020. Sur l'ensemble de la période 2010-20, la part des permis délivrés pour motif professionnel est restée en moyenne assez faible (10 %).

Graphique 1.5. Permis de séjour délivrés par les pays européens de l'OCDE aux ressortissants ivoiriens, par catégorie d'admission, 2010-20

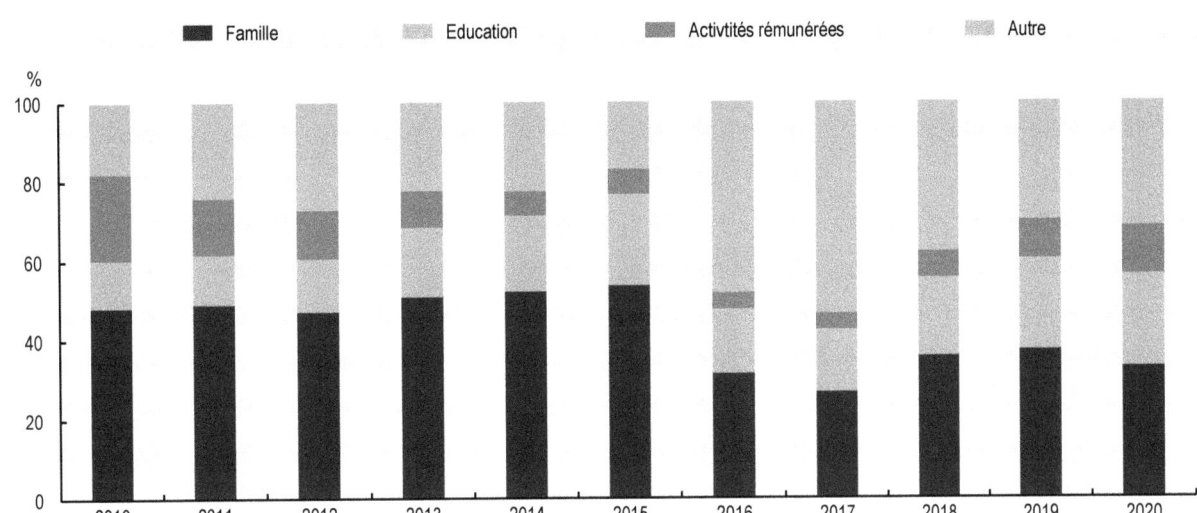

Note : Les données correspondent aux premiers titres de séjour délivrés à des ressortissants ivoiriens pour toutes durées.
Source : Eurostat, 2020 (base de données « Permis délivrés pour la première fois par raison, durée de validité et nationalité »). Pour l'Italie : Istat (2020).

Le type de permis de séjour délivrés aux ressortissants ivoiriens varie significativement selon les pays de destination. Les permis délivrés par la France entre 2010 et 2020 ont été majoritairement des permis pour motif familial. On observe toutefois une diminution substantielle de la part de cette catégorie, qui est passée de plus de la moitié des permis en 2010 à 30 % en 2020 (Graphique 1.6). Cette diminution s'est faite au profit des permis délivrés pour motif d'études, la France étant le seul pays parmi les principaux pays de destination en Europe à octroyer un nombre substantiel de permis pour motif d'études. En 2020, ces derniers représentaient près de 30 % des permis délivrés par la France, tandis que cette part n'a pas dépassé 1 % des permis délivrés par l'Italie. Le poids relativement important du motif d'études dans les flux vers la France peut s'expliquer par la connaissance de la langue française par les jeunes Ivoiriens, l'offre de bourses subventionnées par l'État, ainsi que la qualité et le faible coût des études relativement à d'autres pays.

Les flux vers l'Italie présentent une tendance significativement différente. La part des permis délivrés pour motif professionnel a fortement diminué entre 2010 et 2014 avant de se stabiliser à un niveau modeste : alors que cette catégorie représentait près de 50 % des permis délivrés aux ressortissants ivoiriens en 2010, elle ne représentait plus que de 2 % des permis en 2020. Cette diminution s'est produite parallèlement à une hausse significative du nombre de permis délivrés pour motif humanitaire, qui représentent depuis 2012 plus de la moitié des permis délivrés par l'Italie aux ressortissants ivoiriens (et 90 % en 2016). Cette part a toutefois diminué à partir de 2018 au profit des permis pour motif familial qui représentent en moyenne 45 % des permis délivrés en 2019 et 2020. L'augmentation du nombre de permis humanitaires coïncide aussi avec une hausse très forte du nombre de demandeurs d'asile en Italie, qui a été multiplié par plus de cinq entre 2014 et 2017.

Cette tendance est relativement similaire en Allemagne, où les flux en provenance de Côte d'Ivoire étaient dominés par les migrations familiales jusqu'en 2016, puis par les migrations pour motif humanitaire à partir de 2017. À partir de cette période, la part des permis délivrés à titre humanitaire n'a cessé d'augmenter pour passer de 44 % à 56 % en 2019.

Graphique 1.6. Permis de séjour délivrés par la France et l'Italie aux ressortissants ivoiriens, par catégorie d'admission, 2010-20

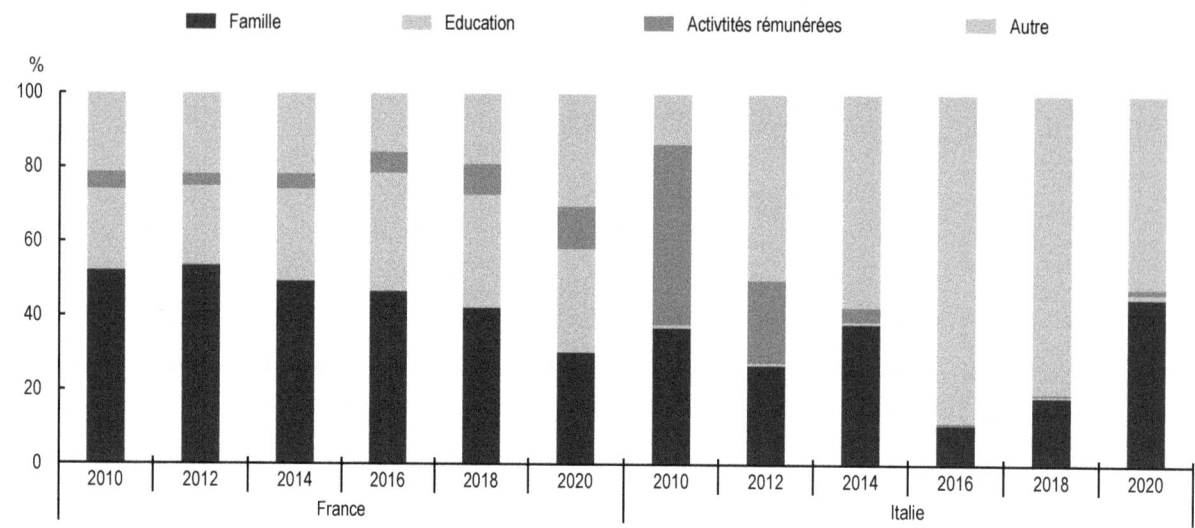

Note : Les données correspondent aux premiers titres de séjour délivrés à des ressortissants ivoiriens pour toutes durées.
Source : Eurostat, 2020 (base de données « Permis délivrés pour la première fois par raison, durée de validité et nationalité »). Italie : Istat, 2020.

Comme le montre le Graphique 1.7, les femmes reçoivent plus souvent des permis pour motif familial que les hommes. En 2020, près de 43 % des permis délivrés aux femmes ivoiriennes par l'ensemble des pays européens de l'OCDE étaient des permis pour motif familial, tandis que cela ne concernait que 25 % des permis délivrés aux hommes. Cet écart est particulièrement marqué pour les permis délivrés par l'Italie : 63 % des femmes ivoiriennes ont reçu des permis familiaux contre 33 % des hommes en 2020. La part des permis de séjour pour motif d'études (essentiellement délivrés par la France) est toutefois similaire parmi les femmes et les hommes.

Graphique 1.7. Permis de séjour délivrés par la France et l'Italie aux ressortissants ivoiriens par sexe et catégorie d'admission, 2020

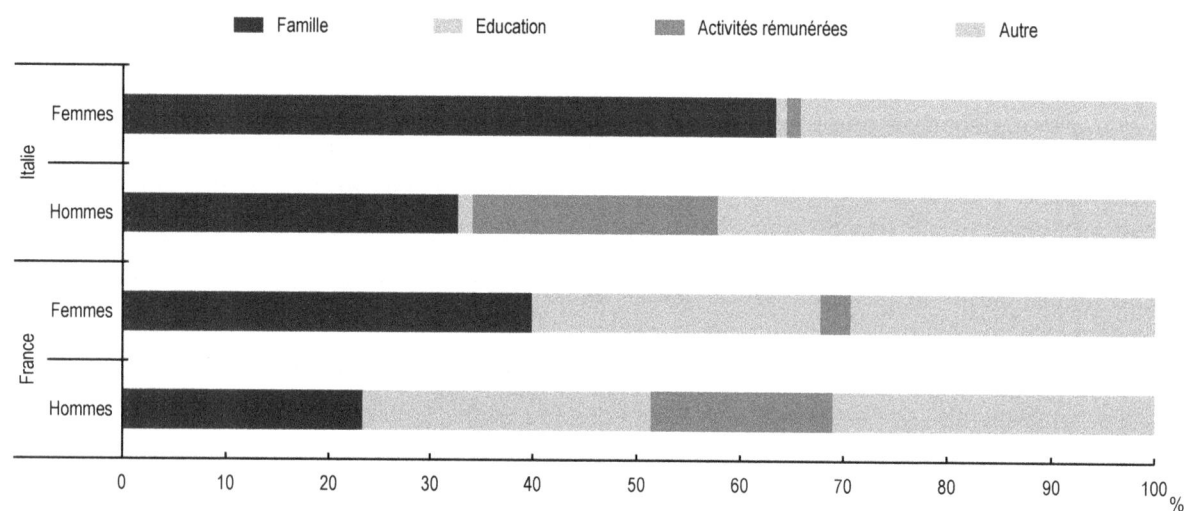

Note : Les données correspondent aux premiers titres de séjour délivrés à des ressortissants ivoiriens pour toutes durées.
Source : Eurostat, 2020 (Base de données « Permis délivrés pour la première fois par raison, âge, sexe et nationalité »).

> **Encadré 1.1. Les migrations régionales et la libre circulation des Ivoiriens au sein de la CEDEAO**
>
> La Communauté économique des États de l'Afrique de l'Ouest (CEDEAO) a été créée en 1975 avec la ratification du Traité de Lagos, afin de promouvoir et d'assurer la coopération et l'intégration d'abord économique puis politique des États-membres. Entre 1979 et 1993, six protocoles ont été signés afin d'établir notamment le droit d'entrée, l'abolition du visa pour un séjour de moins de 90 jours et le droit de résidence au sein des pays membres de la CEDEAO (ICMPD/OIM, 2015[6]).
>
> La majorité des flux d'émigration depuis la Côte d'Ivoire se font au sein du continent africain, principalement en Afrique de l'Ouest. Il existe toutefois très peu de données permettant de documenter ces flux migratoires régionaux. En 2018, près de 42 % de l'ensemble des flux d'émigration en provenance des pays de la CEDEAO se sont dirigés vers d'autres États membres de la CEDEAO. Parmi les flux d'émigration sortant de la zone CEDEAO, 23 % se sont dirigés vers des pays d'Afrique hors CEDEAO, 23 % vers l'Union européenne et 14 % vers l'Amérique du Nord (CEDEAO, 2019[7]).
>
> Comme noté plus haut, malgré le recul de l'immigration en Côte d'Ivoire à partir des années 1980, la Côte d'Ivoire est resté le premier pays d'immigration au sein de la CEDEAO devant le Nigéria et le Burkina Faso, les immigrés représentant près de 10 % de la population totale en Côte d'Ivoire (OIM, 2016[2]). Selon l'OIM, les deux corridors migratoires les plus importants au sein de la CEDEAO sont ceux du Burkina Faso vers la Côte d'Ivoire et de la Côte d'Ivoire vers le Burkina Faso (ICMPD/OIM, 2015[6]). Un autre corridor migratoire important est celui qui correspond à l'émigration en provenance de Côte d'Ivoire vers le Mali. Le Burkina Faso et le Mali sont donc des destinations majeures des ressortissants ivoiriens au sein du continent africain.
>
> Les flux migratoires entre les pays de la CEDEAO correspondent principalement à des migrations de travail et des migrations humanitaires (ICMPD/OIM, 2015[6]). Ces migrations sont surtout des migrations temporaires, saisonnières, ainsi que des déplacements transfrontaliers de courte durée. Les flux de migration de travail passent majoritairement par l'axe Dakar-Agadez qui lie le Sénégal, le Mali, le Burkina Faso et le Niger (IOM, 2019[8]). Les émigrés ivoiriens au Burkina Faso, le premier pays de destination des émigrés ivoiriens dans la CEDEAO, travaillent principalement dans les secteurs de l'agriculture, du commerce et de l'artisanat, comme la majorité des immigrés dans la CEDEAO.
>
> La pandémie de COVID-19 et les restrictions imposées par l'ensemble des pays dans le monde ont provoqué une diminution considérable des flux migratoires. L'OIM a estimé que les flux migratoires au sein de l'Afrique de l'Ouest et l'Afrique Centrale ont été réduits de 48 % entre 2019 et le premier semestre de 2020. En juin 2020, il a été estimé que plus de 30 000 migrants étaient bloqués aux frontières. Des milliers de travailleurs saisonniers, et particulièrement les éleveurs transhumants transfrontaliers qui se déplacent au sein de la zone du Mali, du Burkina Faso et de la Côte d'Ivoire, sont restés bloqués aux frontières. Néanmoins, malgré les restrictions sanitaires, des flux migratoires se sont poursuivis pour certaines catégories de migrants qui se sont déplacés de façon irrégulière (IOM, 2020[9]).

Les souhaits d'émigration des Ivoiriens

Appréhender les intentions d'émigration au sein de la population de la Côte d'Ivoire permet de mieux comprendre l'ampleur et les raisons des flux migratoires en provenance de ce pays. Par ailleurs, les intentions d'émigration peuvent donner des indications utiles sur les tendances futures de ces flux. L'enquête mondiale Gallup (cf Annexe A) recueille des informations sur les intentions d'émigration des personnes nées et résidant en Côte d'Ivoire âgées de 15 ans ou plus. La disponibilité d'informations sur les caractéristiques de ces individus permet d'analyser la corrélation entre les intentions de quitter le pays et différentes variables socio-économiques, comme le niveau d'éducation ou la situation de l'emploi.

Des intentions d'émigration élevées relativement aux autres pays de l'UEMOA

Sur la période 2013-18, la Côte d'Ivoire est le troisième pays parmi les pays de l'UEMOA où les intentions d'émigration étaient les plus élevées, après le Togo et le Sénégal : 32 % des personnes de 15 ans et plus nées et résidant en Côte d'Ivoire indiquaient souhaiter vivre de façon permanente dans un autre pays, tandis que cette proportion était de 28 % en moyenne dans l'ensemble des pays de l'UEMOA (Graphique 1.8). Les destinations préférées des Ivoiriens exprimant le désir d'émigrer étaient la France (22 %), les États-Unis (20 %) et le Canada (12 %). La part relativement importante de personnes souhaitant quitter le pays pour s'installer aux États-Unis ou au Canada reflète la progressive diversification des pays de destination des émigrés ivoiriens, dont les flux d'émigration sont de plus en plus souvent dirigés vers l'Amérique du Nord. De ce point de vue, alors que l'Italie est la deuxième destination des Ivoiriens parmi les pays de l'OCDE, ce pays est peu cité par les répondants comme destination souhaitée (seulement 4 %). Ce pays semble ainsi davantage représenter une étape éventuelle dans le parcours migratoire des Ivoiriens qu'un pays de destination où s'installer de façon durable.

Graphique 1.8. Intentions d'émigration dans les pays de l'UEMOA, 2010-18

Part de la population (âgée de 15 ans et plus) née dans le pays qui considère émigrer de façon permanente

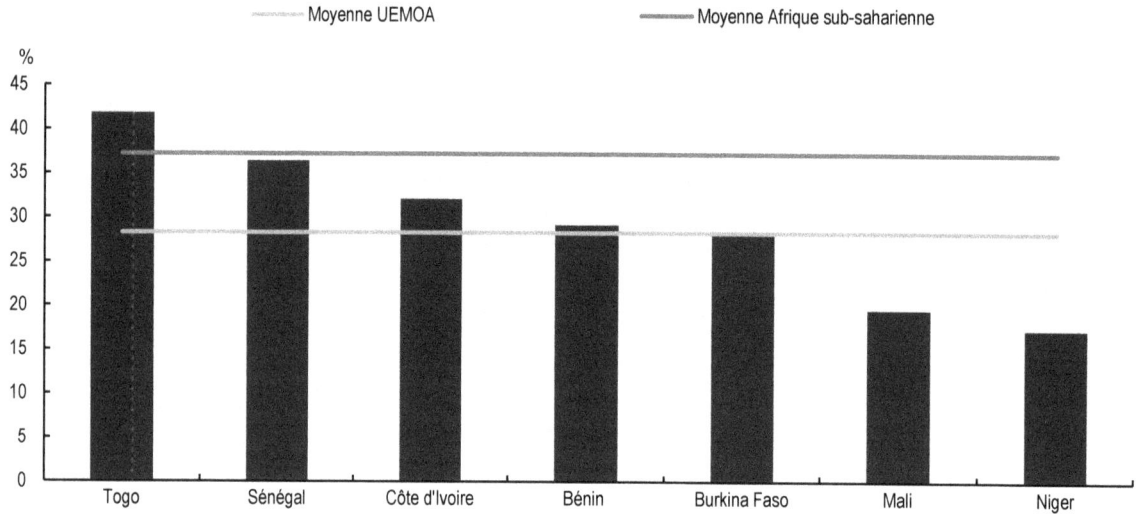

Note : Les données sur les personnes nées en Guinée-Bissau ne sont pas disponibles. Les données sont disponibles de 2010 à 2018 pour le Sénégal, le Niger, le Mali et le Burkina Faso. Les données sont disponibles de 2013 à 2018 pour la Côte d'Ivoire et de 2011 à 2018 pour le Bénin. On considère émigrer si l'on répond « oui » à la question : « Dans l'idéal, si vous en aviez l'opportunité, souhaiteriez-vous vivre de façon permanente dans un autre pays? ». Les résultats sont pondérés.
Source : Enquête mondiale Gallup (2020).

Les intentions d'émigration des Ivoiriens ont augmenté entre 2013 et 2018 : en moyenne en 2013-15, 28 % des Ivoiriens indiquaient souhaiter émigrer et cette part a atteint 37 % en 2016-18. Cette tendance est commune à l'ensemble de la région puisque les six autres pays de l'UEMOA présentent également des intentions d'émigration plus fortes entre 2015 et 2018 qu'entre 2010 et 2014, à l'exception du Burkina Faso où les intentions d'émigration de la population sont restées stables entre les deux périodes.

Cependant, la plupart des personnes souhaitant quitter la Côte d'Ivoire ont peu de chances de concrétiser leurs souhaits d'émigration à court ou moyen terme. La question « envisagez-vous de partir vivre de façon permanente dans un autre pays dans les 12 prochains mois » permet d'évaluer si la volonté d'émigrer est susceptible de se traduire en action dans un horizon temporel défini. Les réponses à cette question mettent en évidence, pour tous les pays de l'UEMOA, un décalage important entre l'intention d'émigration et la probabilité que cette intention se concrétise à court terme. Alors que les intentions d'émigration des Ivoiriens sont relativement élevées, seulement 27 % des personnes souhaitant émigrer considéraient le faire au cours des 12 prochains mois, et 16 % indiquaient avoir commencé à préparer leur départ du pays.

Les jeunes, les personnes hautement qualifiées et les chômeurs ont plus souvent l'intention d'émigrer

Les intentions d'émigration varient significativement selon les caractéristiques sociodémographiques comme l'âge, le niveau d'éducation et la situation sur le marché du travail. Dans tous les pays de l'UEMOA, les intentions d'émigration sont particulièrement élevées parmi les jeunes (personnes âgées de 15 à 24 ans). Comme le montre le Graphique 1.9, 43 % des jeunes Ivoiriens expriment l'intention d'émigrer, soit près de 10 points de pourcentage de plus que l'ensemble de la population. Si les jeunes expriment plus fréquemment l'intention d'émigrer, ils sont cependant peu nombreux à indiquer une concrétisation de ce souhait à court-moyen terme : seulement 22 % des jeunes Ivoiriens souhaitant émigrer considéraient quitter le pays dans un délai d'un an. Contrairement à ce qu'on peut observer dans d'autres pays de l'UEMOA, il n'y a pas de différence majeure entre hommes et femmes dans les intentions d'émigration parmi les Ivoiriens.

Graphique 1.9. Intentions d'émigration pour différents groupes en Côte d'Ivoire, 2013-18

Part de la population (âgée de 15 ans ou plus) née dans le pays qui considère émigrer de façon permanente

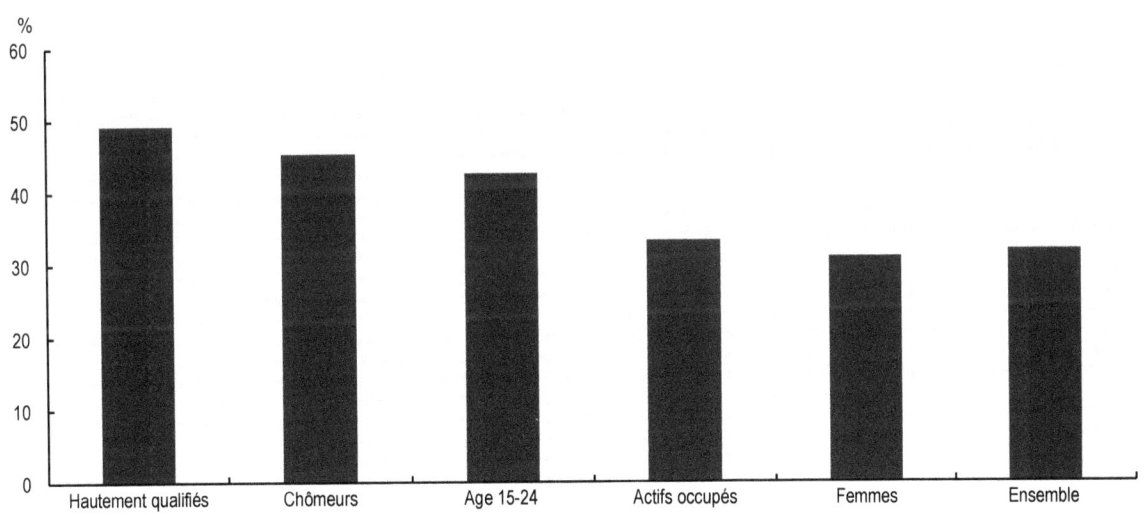

Note : On considère émigrer si l'on répond « oui » à la question : « Dans l'idéal, si vous en aviez l'opportunité, souhaiteriez-vous vivre de façon permanente dans un autre pays? ». Les personnes hautement qualifiées sont les personnes possédant un niveau d'éducation « élevé », c'est à dire un niveau d'études supérieures qui correspond à au moins quatre années après le lycée sanctionnées par un diplôme.
Source : Enquête mondiale Gallup (2020).

On observe en revanche des différences marquées selon le niveau d'éducation. Les individus ayant un niveau d'éducation élevé expriment beaucoup plus souvent l'intention d'émigrer : près de 50 % des diplômés du supérieur affirment vouloir quitter le pays, soit 18 points de pourcentage de plus que l'ensemble de la population. Les personnes se déclarant au chômage indiquent également plus souvent souhaiter quitter la Côte d'Ivoire : 45 % d'entre eux souhaitent quitter le pays, alors que ce n'est le cas que de 33 % des personnes indiquant avoir un emploi.

La situation de l'emploi et particulièrement la situation défavorable des personnes éduquées sur le marché du travail en Côte d'Ivoire peut notamment expliquer cette répartition des intentions d'émigration. En effet, l'inadéquation entre l'offre et la demande de travail et la difficulté pour les personnes possédant un niveau d'éducation intermédiaire ou élevé à trouver un emploi correspondant à leurs qualifications peuvent les conduire à envisager de rechercher une meilleure situation à l'étranger.

Toutefois, les intentions d'émigration ne correspondent pas toujours aux décisions réelles d'émigration, en particulier pour certains groupes démographiques. Les personnes en emploi ou hautement qualifiées ont probablement plus de capital économique et social, nécessaires pour émigrer, que les jeunes ou les personnes au chômage, qui font face à de difficultés pour envisager concrètement cette émigration. Les facteurs déterminant les intentions d'émigration et la possibilité de faire des plans concrets d'émigration sont toutefois très nombreux, et liés à la fois à des contraintes structurelles et conjoncturelles, mais aussi aux caractéristiques individuelles, aux attitudes à l'égard de la migration, au contexte familial, aux réseaux transnationaux, et à la qualité de vie perçue (Piguet et al., 2020[10]).

Les difficultés économiques et le manque d'opportunités d'emploi en Côte d'Ivoire alimentent les intentions d'émigration

Les mesures disponibles sur le bien-être subjectif des Ivoiriens souhaitant émigrer mettent en lumière les déterminants des intentions d'émigration, et donc pour partie les facteurs explicatifs des mouvements migratoires effectifs. Le Graphique 1.10 montre que près de 70 % des personnes ne souhaitant pas émigrer considèrent que leur emploi actuel est l'emploi idéal, tandis que ce n'est le cas que pour 38 % des individus souhaitant quitter le pays. En Côte d'Ivoire, la difficulté à trouver un bon emploi, qui correspond mieux aux aspirations individuelles, semble être la principale cause du souhait d'émigration. Bien que la part des personnes affirmant être satisfaites de la liberté de mener leur vie soit élevée, elle reste inférieure pour les personnes souhaitant émigrer (68 %) à celle des individus ne souhaitant pas quitter la Côte d'Ivoire (77 %). De plus, les personnes exprimant le désir d'émigrer sont plus susceptibles d'avoir des amis et de la famille à l'étranger sur qui ils peuvent compter.

Ces résultats sont confirmés par ceux de l'enquête Afrobaromètre qui couvre plus de 30 pays africains (voir Annexe A). D'après les données de la vague d'enquête 2016/2018, le motif principal du souhait d'émigration des Ivoiriens est l'emploi et ce, quel que soit leur âge. Pour près d'un-tiers d'entre eux, la volonté d'émigrer est liée aux difficultés économiques auxquelles ils font face en Côte d'Ivoire. Enfin, 8 % des Ivoiriens indiquent que la pauvreté est le motif le plus important de leur souhait d'émigrer (Graphique 1.11). Au total, plus de sept adultes ivoiriens souhaitant émigrer sur dix (74 %) le feraient pour des raisons économiques.

Graphique 1.10. Intentions d'émigration et opinions des personnes nées et résidant en Côte d'Ivoire, 2009-18

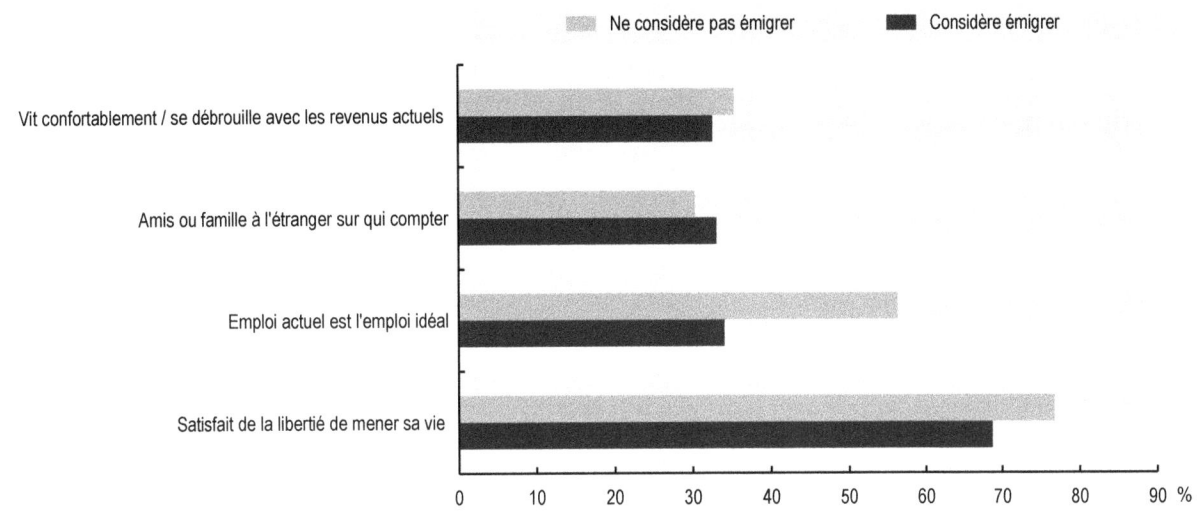

Note : Les résultats sont basés sur les réponses des personnes nées et résidant en Côte d'Ivoire selon leur souhait d'émigration. Les résultats sont pondérés. Les données ne sont pas disponibles pour les années 2010, 2011, 2012. Les données sont manquantes pour la question « satisfait de la disponibilité des emplois ». Les données pour la question « personnes sur qui compter à l'étranger » sont disponibles pour les années 2009 et 2013-15 ; les données pour la question « satisfait de la liberté de mener sa vie » et « vit confortablement avec les revenus actuels » sont disponibles pour la période 2009 et 2013-18; et les données pour la question « l'emploi actuel est l'emploi idéal » concernent l'année 2013 seule.
Source : Enquête mondiale Gallup (2020).

Graphique 1.11. Raisons principales du souhait d'émigration au sein de la population ivoirienne, 2016/18

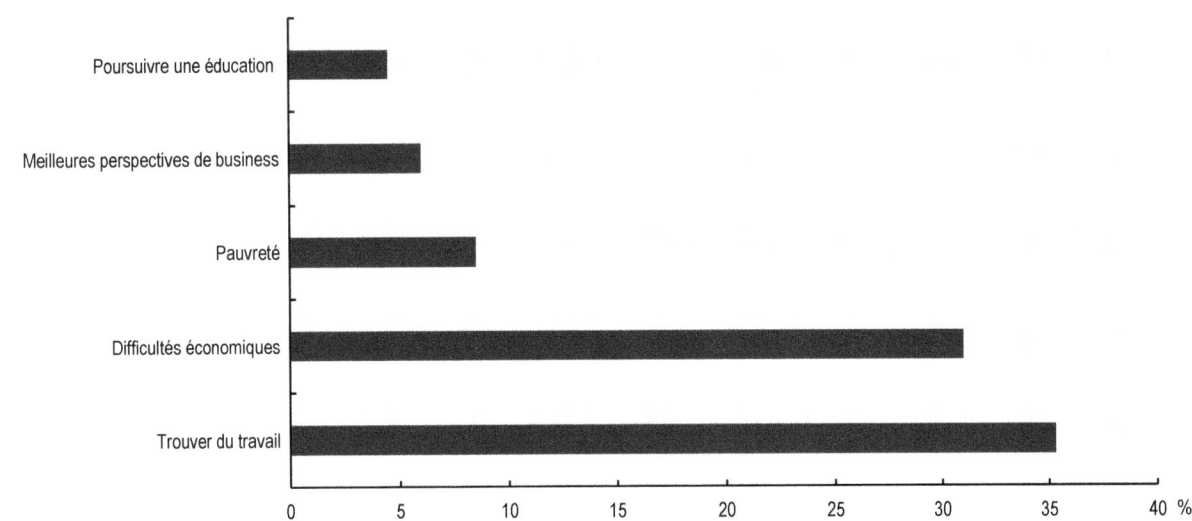

Note : Cette question n'est pas disponible pour les vagues d'enquête précédentes. Répond à la question « Il y a plusieurs raisons pour lesquelles les gens quittent leur domicile pour vivre dans un autre pays pendant une période prolongée. Et vous? Quelle est la raison la plus importante pour laquelle vous envisageriez de quitter le [pays]? » N=369.
Source : Afrobaromètre (2020), vague d'enquête 2016/2018.

Conclusion

La forte croissance des flux migratoires en provenance de Côte d'Ivoire vers les pays de l'OCDE entre 2000 et 2019 reflète le caractère récent de l'émigration en Côte d'Ivoire, pays traditionnel d'immigration au sein de l'Afrique de l'Ouest. Si les flux migratoires de ressortissants ivoiriens vers les pays de l'OCDE restent en très grande partie dirigés vers la France et l'Italie, les pays de destination des émigrés ivoiriens se sont toutefois diversifiés avec l'intensification des flux migratoires vers les États-Unis et le Canada au cours des 20 dernières années. Entre 2010 et 2020, les permis de séjour délivrés aux ressortissants ivoiriens par les pays européens de l'OCDE étaient majoritairement délivrés pour des motifs familiaux, bien que les permis délivrés pour des motifs humanitaires en Italie et pour des motifs éducatifs en France soient devenus de plus en plus importants à partir de 2016. Les intentions d'émigration au sein de la population ivoirienne sont plus élevées que celles de l'ensemble de la population résidant dans les pays de l'UEMOA et sont particulièrement fortes parmi les diplômés du supérieur, les jeunes et les chômeurs. Ce souhait d'émigration est principalement lié au manque d'opportunités sur le marché du travail et aux difficultés économiques auxquelles font face les Ivoiriens.

Références

CEDEAO (2019), *Rapport sur les indicateurs régionaux de la migration en Afrique de l'Ouest en 2018*, Commission de la Communauté Économique des États de l'Afrique de l'Ouest. [7]

ICMPD/OIM (2015), *Enquête sur les politiques migratoires en Afrique de l'Ouest*, International Centre for Migration Policy Development, Organisation Internationale pour les migrations. [6]

IOM (2020), *West and Central Africa — COVID-19 — Impact on Mobility Report (April 2020)*, International Organisation for migrations. [9]

IOM (2019), *Setting up a road map for mixed migration in West and North Africa*, International Organization for Migration. [8]

Kipré, P. (2006), *Migrations et construction nationale en Afrique noire : le cas de la Côte d'Ivoire depuis le milieu du XXe siècle*, https://doi.org/10.3917/oute.017.0313. [1]

OCDE/CIRES (2017), *Interactions entre politiques publiques, migrations et développement en Côte d'Ivoire*, OCDE, http://dx.doi.org/10.1787/9789264277090-fr. [3]

OCDE/OIT (2018), *Comment les immigrés contribuent à l'économie de la Côte d'Ivoire*, OIT, Geneva/Éditions OCDE, Paris, https://dx.doi.org/10.1787/9789264293304-fr. [4]

OIM (2016), *Migration en Côte d'Ivoire : Profil National 2016*, Organisation Internationale pour les migrations. [2]

OIM (2009), *Migration en Côte d'Ivoire : Profil national 2009*, Organisation internationale pour les migrations. [5]

Piguet, E. et al. (2020), « African students' emigration intentions: case studies in Côte d'Ivoire, Niger, and Senegal », *African Geographical Review*, pp. 1-15, https://doi.org/10.1080/19376812.2020.1848595. [10]

Notes

[1] Les permis de séjour délivrés pour des motifs familiaux sont majoritairement des permis octroyés à des membres de la famille, surtout des conjoints et des enfants rejoignant des ressortissants de l'UE et, dans une moindre mesure, des conjoints rejoignant des ressortissants de pays tiers.

2 Effectifs et caractéristiques socio-démographiques de la diaspora ivoirienne

Ce chapitre propose une évaluation des effectifs d'émigrés nés en Côte d'Ivoire résidant dans les principaux pays de destination de l'OCDE et d'Afrique de l'Ouest, ainsi que de leur évolution depuis le début des années 2000. Le chapitre discute également leur répartition régionale dans les principaux pays de destination, décrit la composition de la diaspora ivoirienne au travers des caractéristiques sociodémographiques des émigrés et propose une comparaison avec les émigrés des autres pays de l'Union économique et monétaire ouest-africaine (UEMOA). Ce chapitre analyse la distribution de l'éducation des émigrés ivoiriens, en mettant l'accent sur les différences par pays de destination et par genre. Enfin, le chapitre présente l'évolution du taux d'émigration des Ivoiriens, y compris les diplômés du supérieur, vers les pays de l'OCDE, dans une perspective comparative.

En bref

Principaux résultats

- Environ 240 000 émigrés ivoiriens résidaient dans les pays de l'OCDE en 2020, dont plus de 140 000 en France, environ 34 000 en Italie et 25 000 aux États-Unis.
- Entre 2000 et 2020, le nombre d'émigrés dans les pays de l'OCDE a augmenté de 245 %.
- Environ 1.15 million d'émigrés ivoiriens résidaient dans l'ensemble des pays du monde en 2020. Parmi eux, près de 80 % vivaient dans un pays d'Afrique de l'Ouest, soit un effectif d'environ 900 000 émigrés.
- La France est de loin le pays de l'OCDE privilégié par les émigrés ivoiriens : environ 143 000 émigrés ivoiriens résidaient en France en 2020. Viennent ensuite l'Italie, avec 34 000 émigrés ivoiriens, et les États-Unis, avec environ 25 000 émigrés ivoiriens.
- Au sein des principaux pays de destination, les émigrés ivoiriens sont souvent plus concentrés dans les principales régions que ne l'est l'ensemble des immigrés. En France, par exemple, près de 60 % des émigrés ivoiriens vivent dans la région parisienne, alors que ce n'est le cas que de 38 % de l'ensemble des immigrés.
- En 2015/16, 49 % des émigrés ivoiriens vivant dans les pays de l'OCDE étaient des femmes ; la diaspora ivoirienne est la plus féminisée des pays de l'UEMOA.
- Par rapport à l'ensemble des immigrés vivant dans les pays de l'OCDE, les émigrés ivoiriens sont dans l'ensemble plus jeunes, avec 14 % de 15-24 ans et seulement 3 % de personnes de 65 ans et plus. Au total, 92 % des émigrés ivoiriens sont d'âge actif (15-64 ans).
- Dans l'ensemble des pays de l'OCDE, en 2015/16, 21 % des émigrés ivoiriens vivaient dans leur pays d'accueil depuis moins de cinq ans, tandis que 57 % d'entre eux étaient installés à l'étranger depuis plus de 10 ans.
- En 2015/16, plus d'un tiers des émigrés ivoiriens vivant dans les pays de l'OCDE (36 %) avaient un niveau d'éducation faible, 31 % avaient un niveau d'éducation intermédiaire et 33 % un niveau d'éducation élevé. En 15 ans, le niveau d'éducation des émigrés ivoiriens dans les pays de l'OCDE a augmenté : la part des émigrés ivoiriens ayant un faible niveau d'éducation a diminué de 3 points de pourcentage, tandis que la part de ceux ayant un diplôme du supérieur a augmenté de 6 points de pourcentage.
- Les émigrés ivoiriens dans les pays de l'OCDE sont très nettement plus éduqués que l'ensemble de la population ivoirienne, ce qui reflète la très forte sélection positive de l'émigration en provenance des pays en développement et à destination des pays de l'OCDE.
- Par rapport aux émigrés originaires des autres pays de l'UEMOA, la part des émigrés ivoiriens ayant un diplôme de l'enseignement supérieur est légèrement plus élevée.
- Si les États-Unis et le Canada accueillent une proportion plus élevée d'émigrés ivoiriens avec un niveau d'éducation supérieur, la France reste le pays de l'OCDE qui accueille le plus grand nombre d'émigrés ivoiriens diplômés du supérieur, puisqu'environ 61 % d'entre eux vivent en France.
- Les femmes émigrées ivoiriennes ont en moyenne un niveau d'éducation plus faible que les hommes. En 2015/16, dans les pays de l'OCDE, 28 % des femmes émigrées ivoiriennes avaient un niveau d'éducation élevé – tandis que c'était le cas pour 38 % des hommes.

- Relativement à sa population, la Côte d'Ivoire compte peu d'émigrés vivant dans les pays de l'OCDE. En 2015/16 le taux d'émigration de la Côte d'Ivoire vers les pays de l'OCDE était de 1.4 %, contre 0.6 % en 2000/01.
- Le taux d'émigration de la Côte d'Ivoire est inférieur à celui du Sénégal (3.5 %), de la Guinée-Bissau (2.7 %) et du Togo (1.5 %), mais supérieur aux taux de plusieurs pays comme le Burkina Faso et le Niger dont les taux d'émigration sont nettement plus faibles.
- Le taux d'émigration des Ivoiriens augmente de façon très forte avec leur niveau d'éducation : le taux d'émigration des Ivoiriens ayant au maximum atteint le premier cycle du secondaire est inférieur à 0.6 %, tandis qu'il est de 9.7 % pour les diplômés du supérieur.
- Les femmes ont des taux d'émigration plus élevés que les hommes, et cette différence s'accroît avec le niveau d'éducation. Les femmes nées en Côte d'Ivoire et diplômées du supérieur ont un taux d'émigration de 15 %.

Évolution récente des effectifs d'émigrés ivoiriens

Près d'un-quart de million d'émigrés ivoiriens vivent dans les pays de l'OCDE

Les données disponibles les plus récentes indiquent qu'environ 240 000 émigrés ivoiriens résidaient dans les pays de l'OCDE en 2020 (Graphique 2.1). La Côte d'Ivoire est donc le deuxième pays de l'UEMOA avec le plus grand nombre d'émigrés résidant dans les pays de l'OCDE, derrière le Sénégal (environ 400 000 émigrés) et devant le Mali (environ 170 000 émigrés). Depuis 2000, le nombre d'émigrés ivoiriens dans les pays de l'OCDE a augmenté de façon très importante ; ils étaient en effet environ 70 000 en 2000, 146 000 en 2010 et 195 000 en 2015. Entre 2000 et 2020, leur effectif global dans les pays de l'OCDE a donc augmenté de 245 %, ce qui est comparable à l'évolution observée pour la diaspora malienne, mais nettement supérieur à celle de la diaspora sénégalaise (+185 %). Parmi les autres pays de l'UEMOA, qui ont des diasporas plus petites dans les pays de l'OCDE et pour lesquels on ne dispose pas des données les plus récentes, des évolutions très rapides ont également été observées : entre 2000 et 2015, l'effectif d'émigrés nés au Togo a augmenté de 235 %, tandis que celui des personnes nées au Burkina Faso a augmenté de 213 % ; sur cette même période, le nombre d'émigrés ivoiriens dans les pays de l'OCDE avait augmenté de 180 %.

Graphique 2.1. Population émigrée née dans les pays d'UEMOA et vivant dans les pays de l'OCDE, 2000 à 2020

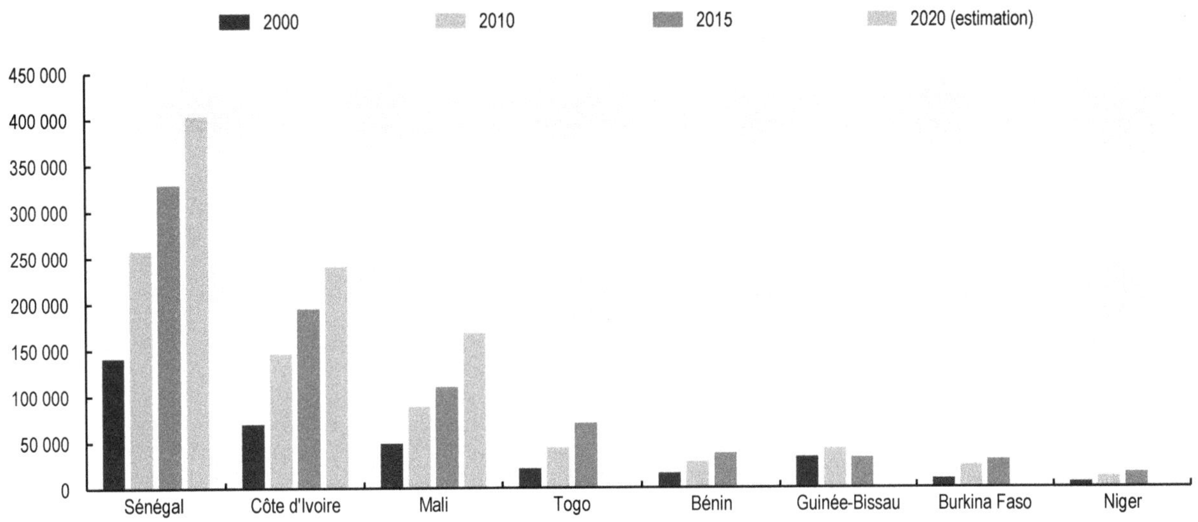

Note : Les estimations pour 2020 ne sont disponibles que pour le Sénégal, la Côte d'Ivoire et le Mali.
Source : Données pour 2000, 2010 et 2015 : Base de données sur les immigrés dans les pays de l'OCDE (DIOC) ; données pour 2020 : estimations du Secrétariat.

Les pays d'Afrique de l'Ouest, en premier lieu le Burkina Faso, sont les principales destinations des émigrés ivoiriens

Les données concernant les émigrés ivoiriens hors des pays de l'OCDE sont incomplètes et moins précises que celles disponibles pour les pays de l'OCDE (Graphique 2.2). Les estimations des Nations Unies font état d'environ 1.15 million d'émigrés ivoiriens résidant dans l'ensemble des pays du monde en 2020. Parmi eux, près de 80 % résideraient dans un pays d'Afrique de l'Ouest, soit un effectif d'environ 900 000 émigrés. La plupart vivent dans un des pays frontaliers de la Côte d'Ivoire. Selon ces estimations, les deux principaux pays de destination des émigrés ivoiriens en 2020 étaient le Burkina Faso, premier pays de destination dans le monde avec 560 000 personnes, et le Mali (195 000 personnes). Une part importante des personnes nées en Côte d'Ivoire et résidant dans ces deux pays sont des enfants d'émigrés burkinabés et maliens revenus avec leurs parents dans leur pays d'origine, notamment dans le contexte de la crise politico-militaire qui a touché le pays durant la décennie 2000. Les autres pays de destination principaux des émigrés ivoiriens dans la région sont le Ghana (74 000 émigrés en 2020 selon les estimations des Nations Unies), le Bénin (34 000 émigrés), le Liberia (20 000 émigrés) et la Guinée (8 000 selon les estimations des Nations Unies pour 2020, mais le recensement de la Guinée de 2014 faisait état de près de 40 000 émigrés ivoiriens dans le pays).

En dehors de la région ouest-africaine, le Maroc et la Tunisie sont également des pays de destination significatifs pour les émigrés ivoiriens : grâce aux données sur le nombre d'utilisateurs du réseau Facebook originaires de Côte d'Ivoire et vivant dans ces pays, on peut estimer qu'environ 30 000 émigrés ivoiriens vivraient au Maroc et environ 20 000 résideraient en Tunisie.

Graphique 2.2. Effectif des émigrés ivoiriens dans les 25 principaux pays de destination

Estimations les plus récentes selon différentes sources de données

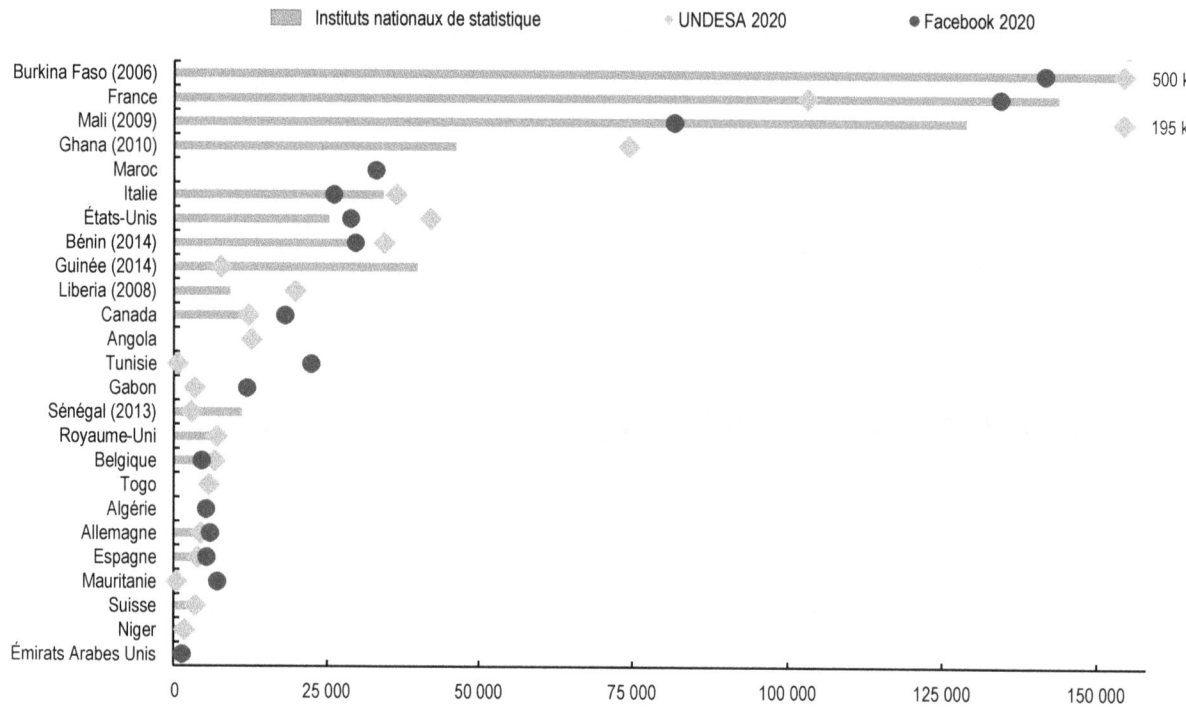

Source : Les données des instituts nationaux de statistique des pays de destination sont généralement des données de recensement ou de registre. Lorsque les données sont antérieures à 2015, l'année est indiquée entre parenthèses à côté du nom du pays. Données UNDESA : United Nations Department of Economic and Social Affairs, Population Division (2020). International Migrant Stock 2020. Données Facebook : estimations basées sur le nombre d'utilisateurs de Facebook originaires de Côte d'Ivoire dans les différents pays de destination.

La France, destination privilégiée des émigrés ivoiriens au sein des pays de l'OCDE

Le Graphique 2.3 met en évidence la répartition géographique des émigrés ivoiriens dans les principaux pays de destination de l'OCDE. La France est de loin le pays de l'OCDE privilégié par les émigrés ivoiriens : environ 143 000 émigrés ivoiriens résidaient en France en 2020. Vient ensuite l'Italie, avec un peu plus de 34 000 émigrés ivoiriens en 2020. Les États-Unis sont la troisième destination des Ivoiriens parmi les pays de l'OCDE, avec environ 25 000 personnes. Les autres principaux pays de destination sont le Canada et le Royaume-Uni, pour lesquels on ne dispose pas d'une estimation à jour du nombre d'émigrés ivoiriens (respectivement 12 900 et 6 500 en 2015/16), puis la Belgique (6 900 émigrés ivoiriens en 2020) et l'Espagne (5 300 émigrés ivoiriens en 2020).

En valeur absolue, l'augmentation la plus importante revient aux émigrés ivoiriens installés en France : on en dénombrait en effet 45 000 en 2000, leur effectif a donc augmenté de près de 100 000 en 20 ans. En termes relatifs, cet accroissement a induit une multiplication de leur nombre par 3.2. On retrouve un accroissement relatif encore plus élevé en Italie, où le nombre d'émigrés ivoiriens est passé d'environ 7 000 en 2000 à 34 000 en 2020 (× 4.7). Aux États-Unis, les émigrés ivoiriens ont vu leur nombre augmenter de 7 600 en 2000 à 25 000 en 2020 (× 3.3). Bien qu'on ne dispose pas de données concernant les émigrés ivoiriens au Canada pour 2020, leur nombre avait augmenté de façon très rapide entre 2000 et 2015, passant de moins de 2000 à près de 12 900 (× 6.9). Enfin, concernant la Belgique, bien que l'accroissement en termes absolus reste limité, le nombre d'émigrés ivoiriens passant de 1 300 en 2000 à 6 900 en 2020, l'accroissement relatif a été plus rapide que dans les autres principaux pays de destination en Europe (× 5.1).

Graphique 2.3. Évolution des effectifs d'émigrés ivoiriens dans les principaux pays de destination de l'OCDE, 2000-20

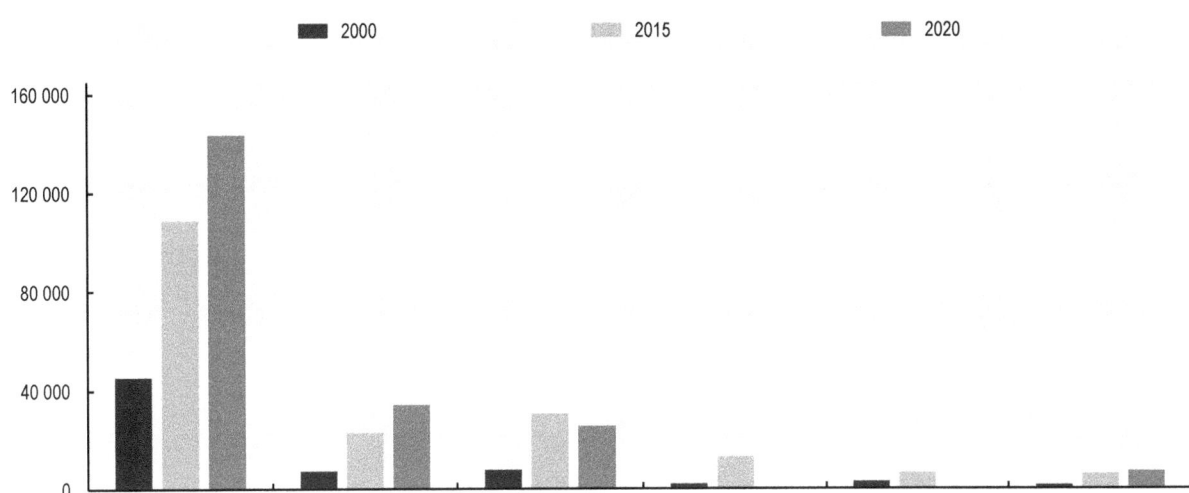

Source : Données pour 2000, 2010 et 2015 : Base de données sur les immigrés dans les pays de l'OCDE (DIOC) ; données pour 2020 : estimations du Secrétariat.

Par ailleurs, parmi l'ensemble des Ivoiriens résidant à l'étranger, les estimations actuelles indiquent qu'environ 38 000 sont réfugiés, pour la plupart dans les pays voisins de la Côte d'Ivoire (Encadré 2.1). Ces réfugiés sont théoriquement comptabilisés dans les chiffres de population née à l'étranger dans leurs pays d'accueil respectifs mais cela dépend en pratique des sources de données et des pratiques des pays hôtes.

Une autre catégorie spécifique d'émigrés ivoiriens sont les étudiants en mobilité internationale. Plus de 10 600 étudiants ivoiriens étaient en mobilité internationale en 2019 (Graphique 2.5). Plus des deux-tiers d'entre eux étudiaient dans les pays européens de l'OCDE, avec une très forte concentration en France, qui représentait 63 % de l'accueil des étudiants ivoiriens à l'étranger. L'effectif total d'étudiants ivoiriens à l'étranger a fortement augmenté entre 2014 et 2019, passant de 6 000 à 10 600, soit une augmentation de 76 %. Après la France, les principaux pays de destination des étudiants ivoiriens sont les États-Unis (près de 1 500 étudiants), le Canada (1 200). En dehors de la France, où le nombre d'étudiants ivoiriens a presque doublé entre 2014 et 2019, une croissance rapide est également observée au Canada (+120 %) et en Russie, où le nombre d'étudiants ivoiriens a quadruplé entre 2014 et 2019. En revanche, le nombre d'étudiants ivoiriens a fortement chuté en Italie et est resté stable en Allemagne.

Encadré 2.1. Réfugiés et demandeurs d'asile ivoiriens

La crise post-électorale de 2010-11 en Côte d'Ivoire a provoqué le déplacement de centaines de milliers d'Ivoiriens. Selon les données de l'agence des Nations Unies pour les réfugiés (UNHCR), ces déplacements se sont effectués principalement à l'intérieur même du pays, mais également vers les pays voisins – principalement le Libéria – et, dans une moindre mesure, vers des destinations plus lointaines.

En 2020, l'UNHCR dénombre près de 38 000 réfugiés ivoiriens dans le monde. Parmi eux, la majorité (60 %) est en Afrique : les principaux pays d'accueil des réfugiés ivoiriens sont le Libéria (avec 22 %, soit plus de 8 000 personnes), le Ghana (17 %) et la Guinée (11 %). En Europe, les deux principaux pays d'accueil des réfugiés ivoiriens sont la France (7 000 réfugiés, soit 19 % du total) et l'Italie (11 %, soit près de 4 100 personnes) (Graphique 2.4).

Graphique 2.4. Distribution géographique des réfugiés ivoiriens, 2020

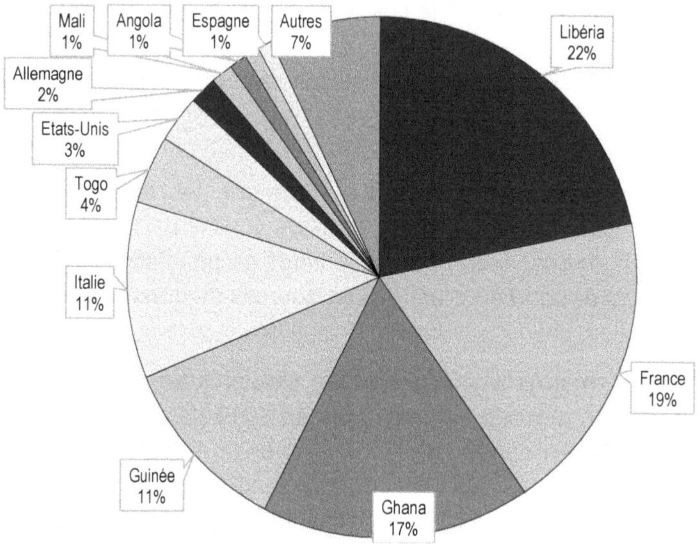

Source : UNHCR, 2020.

Le nombre total de réfugiés ivoiriens dans le monde a connu une baisse importante depuis le pic de 2011 : il a diminué de 75 % entre 2011 et 2020. Au Libéria, le nombre de réfugiés ivoiriens est passé de 128 000 en 2011 à environ 8 000 aujourd'hui. En revanche, leur nombre s'est progressivement accru en France et, dans une moindre mesure, en Italie.

En 2021, on dénombrait de plus environ 11 000 demandeurs d'asile ivoiriens en attente d'une décision de protection dans l'Union européenne, dont environ 8 000 en France, 1 300 en Italie et 1 200 en Allemagne.

En octobre 2021, après une évaluation de la situation dans le pays, l'agence des Nations Unies pour les réfugiés a recommandé aux États qui accueillent des réfugiés ivoiriens de lever leur statut de réfugié et de faciliter leur rapatriement volontaire, leur réintégration, l'acquisition de la résidence permanente ou la naturalisation pour ceux qui souhaitent rester dans les pays d'accueil. Cette cessation générale du statut de réfugié pour les Ivoiriens doit prendre effet le 30 juin 2022.

Graphique 2.5. Principaux pays de destination des étudiants ivoiriens en mobilité internationale, 2014 et 2019

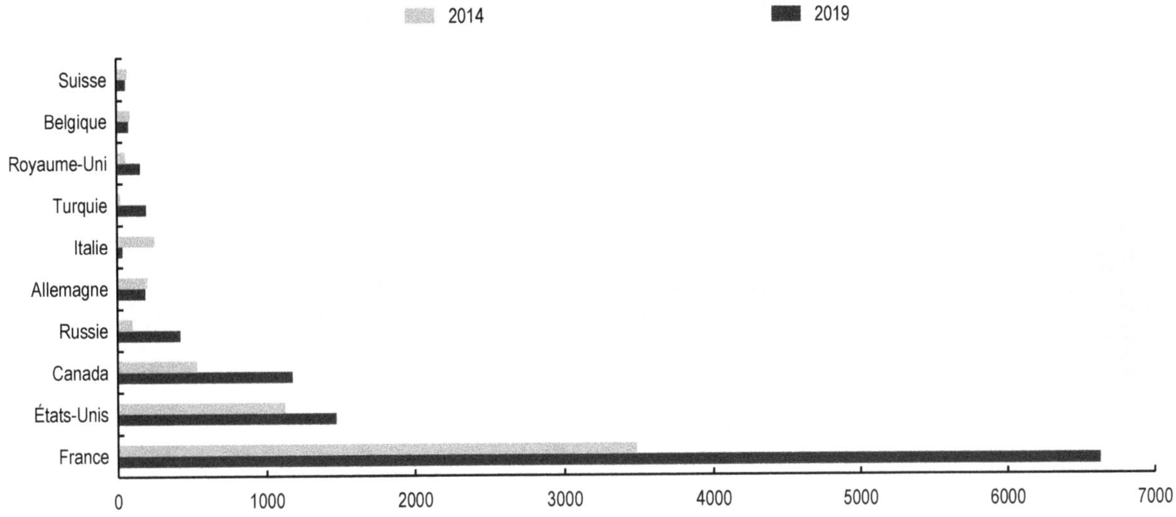

Source : UNESCO-OCDE-Eurostat (UOE), Statistiques de l'OCDE sur l'éducation.

Distribution régionale des émigrés ivoiriens dans certains pays de destination

La répartition régionale des émigrés ivoiriens dans leurs principaux pays de destination suit globalement la répartition spatiale de la population immigrée dans ces pays. Toutefois, ils apparaissent souvent plus concentrés dans un nombre limité de régions que ne l'est la population immigrée. Dans le cas de la France, principale destination dans les pays de l'OCDE, 59 % des émigrés ivoiriens vivaient en Ile-de-France – région de la capitale – en 2018/19, alors que cette région n'accueillait que 38 % de l'ensemble des immigrés et 19 % de la population totale (Graphique 2.6). Les autres régions françaises principales de résidence des émigrés ivoiriens étaient l'Auvergne-Rhône-Alpes (6 %), la Nouvelle-Aquitaine (5 %) et l'Occitanie (5 %). La part des émigrés ivoiriens dans ces trois régions est toutefois largement inférieure à leur poids dans la population immigrée et plus encore dans la population totale.

Il est intéressant de noter que les émigrés ivoiriens diplômés du supérieur sont un peu plus dispersés que l'ensemble des émigrés ivoiriens. L'Ile-de-France accueille ainsi 54 % des Ivoiriens diplômés du supérieur, contre 59 % de l'ensemble des émigrés ivoiriens. A l'inverse, les diplômés du supérieur sont plus représentés dans les autres grandes régions françaises.

En Italie et en Espagne, où la répartition régionale de la population immigrée est nettement moins polarisée qu'en France, on retrouve une répartition plus homogène pour les émigrés ivoiriens (ou, dans le cas de l'Italie, pour les ressortissants ivoiriens). En Italie, 31 % des Ivoiriens résident en Lombardie, dans le Nord du pays, leur principale région de résidence, qui accueille 23 % des étrangers et 17 % de la population totale du pays (Graphique 2.7). Les ressortissants ivoiriens sont également surreprésentés en Toscane (11 %, contre 8 % des étrangers et 6 % de la population totale) et en Émilie-Romagne. À l'inverse, les Ivoiriens sont sous-représentés dans le Latium, région où se situe la capitale italienne : seuls 4 % d'entre eux y résident, alors que c'est le cas de 12 % de l'ensemble des étrangers et de 10 % de la population totale.

Dans le cas de l'Espagne, quatre régions principales accueillent les émigrés ivoiriens : l'Andalousie (20 %), la Catalogne (18 %), Madrid (16 %) et Valence (11 %) (Graphique 2.8). Par rapport à l'ensemble des immigrés résidant en Espagne, les émigrés ivoiriens sont sous-représentés en Catalogne et dans la région de Madrid, mais ils sont nettement surreprésentés en Andalousie, comme c'est d'ailleurs le cas pour les émigrés maliens ou sénégalais.

Graphique 2.6. Distribution régionale des émigrés ivoiriens en France comparée à celle de l'ensemble des immigrés et de la population totale, 2018/19

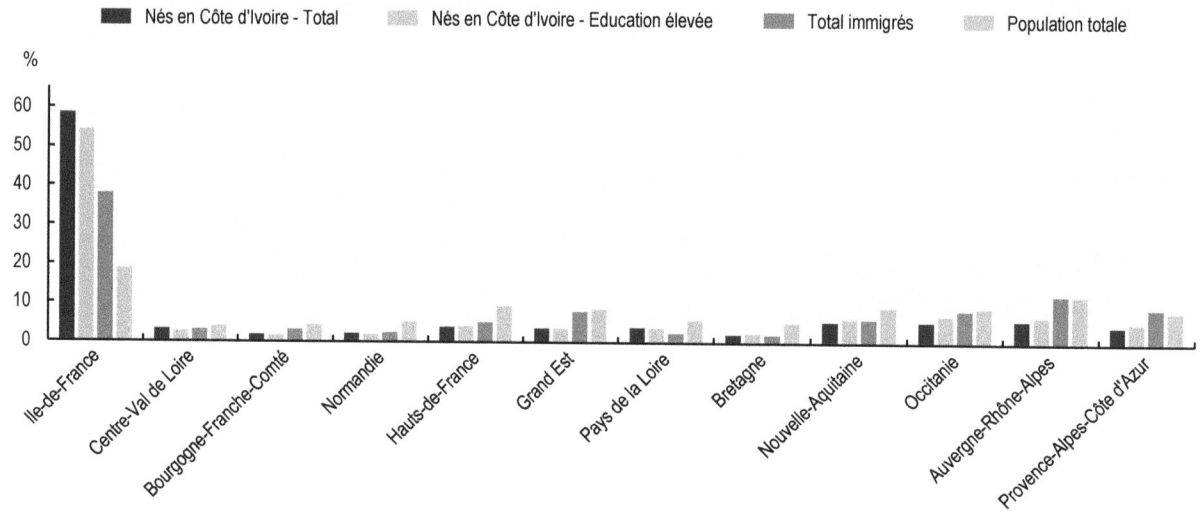

Note : Compte tenu des effectifs très faibles en Corse, cette région a été agrégée à la région Provence-Alpes-Côte d'Azur dans ce graphique.
Source : Recensement de la population 2018/19, Insee.

Graphique 2.7. Distribution régionale des ressortissants ivoiriens en Italie comparée à celle de l'ensemble des étrangers et de la population totale, 2020

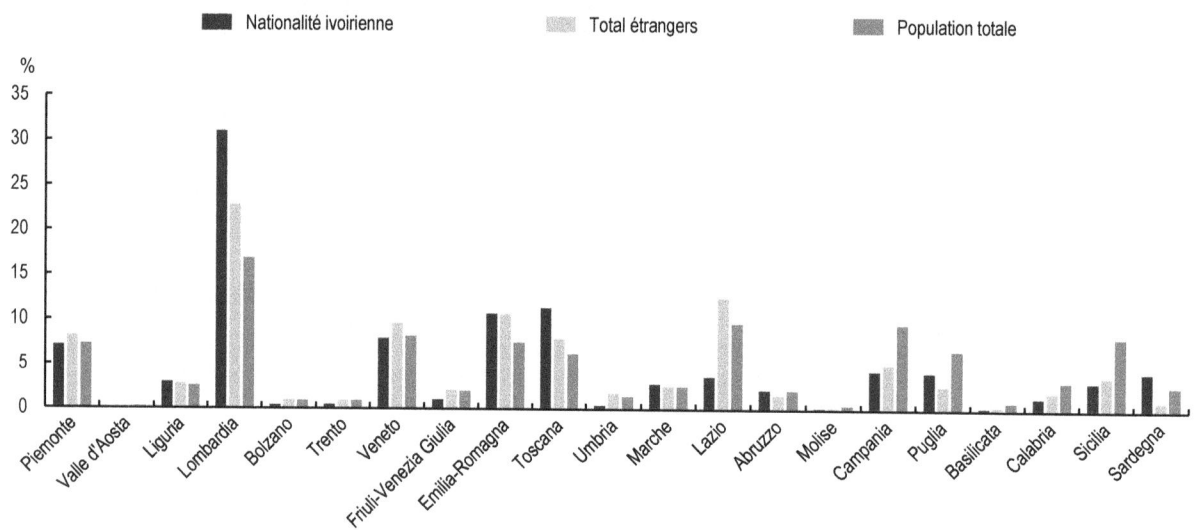

Note : Pour l'Italie, les données concernent les personnes de nationalité étrangère et non pas les personnes nées à l'étranger.
Source : Population résidence au 1er janvier ; Istat.

PANORAMA DE L'ÉMIGRATION IVOIRIENNE © OCDE 2022

Graphique 2.8. Distribution régionale des émigrés ivoiriens en Espagne comparée à celle de l'ensemble des immigrés et de la population totale, 2020

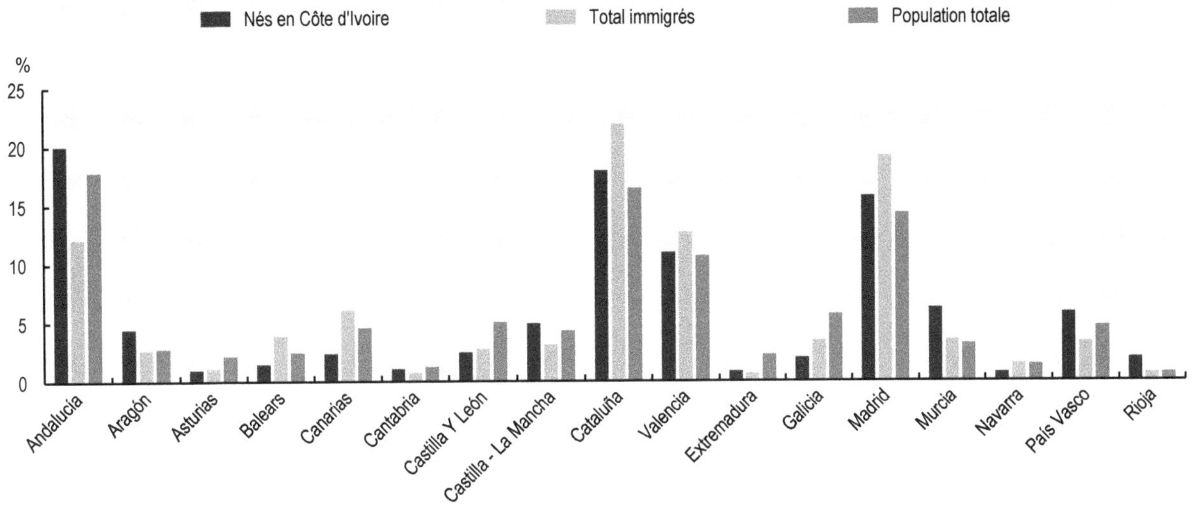

Source : Population résidente au 1er janvier, INE.

Composition démographique de la diaspora ivoirienne

La diaspora ivoirienne dans les pays de l'OCDE est plus féminisée que celle des autres pays de l'UEMOA

En 2015/16, 49 % des émigrés ivoiriens vivant dans les pays de l'OCDE étaient des femmes. Bien que cette proportion reste légèrement inférieure à celle de l'ensemble des immigrés (51.5 %) et de l'ensemble de la population née dans les pays de l'OCDE (51 %), la diaspora ivoirienne est la plus féminisée des pays de l'UEMOA comme le montre le Graphique 2.9. Les diasporas nigérienne et togolaise sont les deux plus féminisées après la Côte d'Ivoire, avec respectivement 46 % et 45 % de femmes, tandis que les diasporas malienne et sénégalaise le sont nettement moins (37 % de femmes).

Le nombre de femmes nées en Côte d'Ivoire résidant dans les pays de l'OCDE a augmenté plus rapidement que le nombre d'hommes entre 2000/01 et 2015/16 (+219 % contre +202 % pour les hommes), résultant en un accroissement de 5 points de pourcentage de la part des femmes parmi les émigrés ivoiriens au cours de cette période.

La répartition des émigrés ivoiriens par genre varie toutefois selon le pays d'accueil. En effet, la proportion de femmes parmi les émigrés ivoiriens est plus élevée en France que dans d'autres pays de destination (voir également Graphique 2.11). En 2018/19, on comptait environ 55 % de femmes parmi les émigrés ivoiriens en France. En Italie, la part des femmes parmi les émigrés ivoiriens est nettement plus faible (33 % en 2020). De même, au Royaume-Uni, en 2015/16, moins de 30 % des émigrés originaires de Côte d'Ivoire étaient des femmes.

Graphique 2.9. Part des femmes parmi les émigrés nés en Côte d'Ivoire et dans les autres pays de l'UEMOA résidant dans les pays de l'OCDE, 2015/16

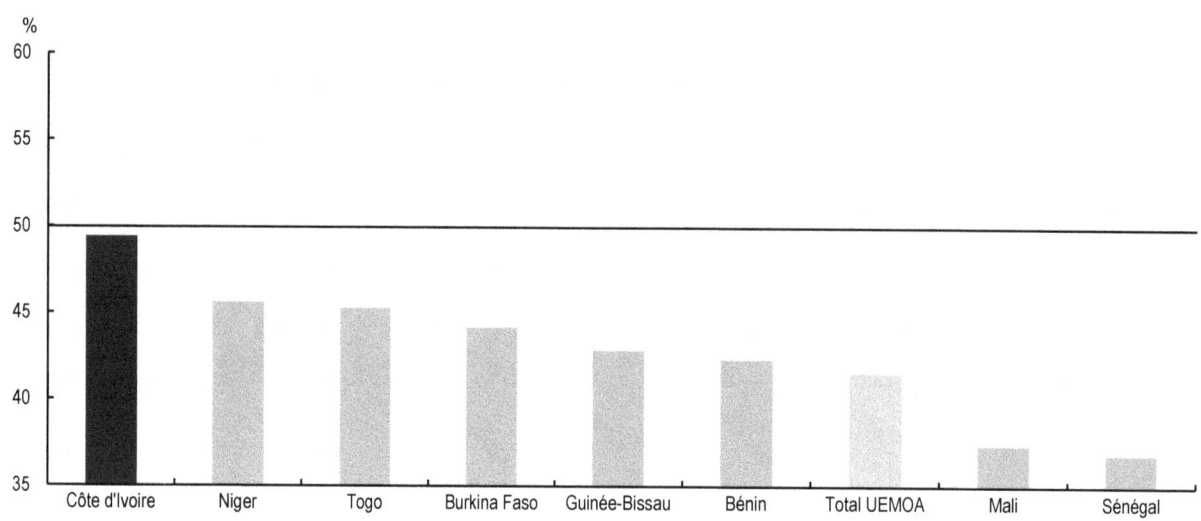

Source : Base de données sur les immigrés dans les pays de l'OCDE (DIOC) 2015/16.

Plus de neuf émigrés ivoiriens sur dix dans les pays de l'OCDE sont en âge de travailler

Par rapport à l'ensemble des immigrés vivant dans les pays de l'OCDE, les émigrés ivoiriens sont dans l'ensemble plus jeunes, avec une part des 15-24 ans plus importantes (14 % contre 10 %) et surtout une part des migrants de 65 ans et plus nettement plus faible. Ce dernier groupe ne représente en effet que 3 % des émigrés ivoiriens, alors qu'il représente 15 % de l'ensemble des personnes nées à l'étranger vivant dans les pays de l'OCDE (Graphique 2.10). Au total, 92 % des émigrés ivoiriens sont d'âge actif (15-64 ans). La distribution par âge des émigrés ivoiriens est assez proche de celle de l'ensemble des émigrés originaires des pays de l'UEMOA, avec toutefois une part légèrement plus importante de jeunes de 15 à 24 ans parmi les émigrés ivoiriens. Ces comparaisons mettent en lumière le caractère relativement récent de l'émigration ivoirienne vers les pays de l'OCDE. Par ailleurs, la comparaison avec la distribution par âge de la population ivoirienne rappelle que les émigrés sont en très grande majorité issus de groupes d'âge qui n'ont pas forcément le même poids dans la population d'origine. En l'occurrence, la population ivoirienne étant très jeune (43 % d'enfants de 0 à 14 ans), l'âge moyen des émigrés est nécessairement supérieur à l'âge moyen de la population de la Côte d'Ivoire. Par rapport aux natifs des pays de destination, les émigrés ivoiriens sont à la fois sous-représentés parmi les enfants et parmi les personnes âgées.

La distribution par âge, et sexe, des émigrés ivoiriens varie toutefois selon les pays de destination. Comme le montre le Graphique 2.11, les émigrés ivoiriens vivant en France sont en moyenne plus âgés que ceux résidant dans les autres principaux pays de destination : la part des personnes âgées de plus de 55 ans (hommes et femmes) atteint ainsi 13 % dans le cas de la France, alors qu'elle n'est que de 9 % aux États-Unis, 6 % en Italie et environ 4 % au Canada et en Belgique. De même, la part des jeunes d'âge actif est relativement plus faible en France, en particulier parmi les hommes : les 15-34 ans représentent ainsi 37 % des hommes de 15 à 64 ans en France, contre 58 % aux États-Unis. Du point de vue de la part des enfants parmi les émigrés ivoiriens, le Canada et l'Italie représentent deux situations extrêmes : alors que les enfants de moins de 15 ans représentent moins de 4 % de l'ensemble des émigrés ivoiriens vivant en Côte d'Ivoire, cette proportion est de 19 % au Canada. Cela reflète la prépondérance de l'immigration de travail des Ivoiriens en Italie et la part plus importante de l'immigration familiale à vocation permanente au Canada.

Graphique 2.10. Distribution par groupe d'âge des émigrés ivoiriens dans les pays de l'OCDE et de différents groupes de comparaison, 2015/16

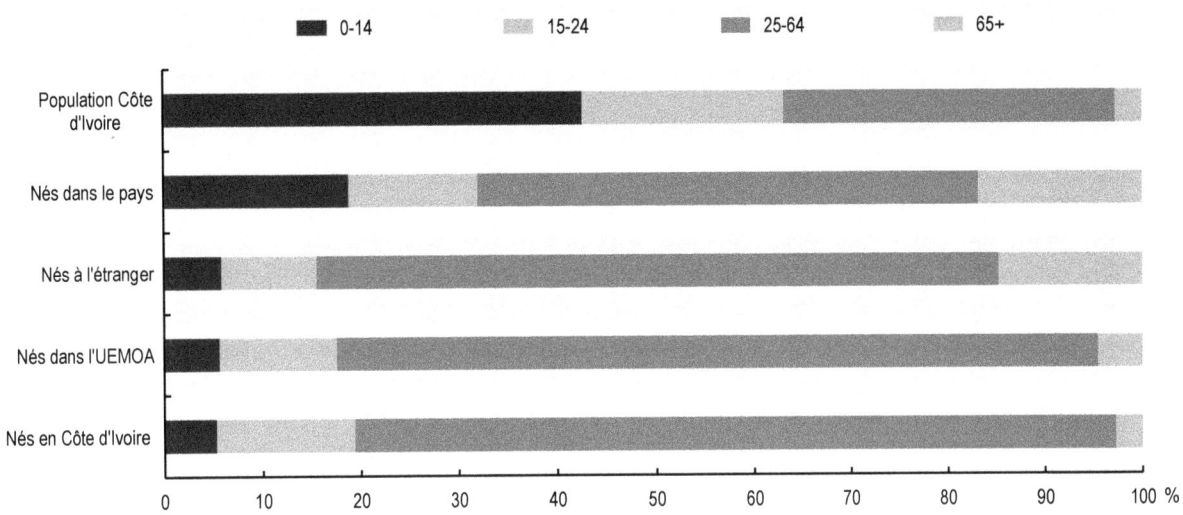

Note : Nés en Côte d'Ivoire : personnes nées en Côte d'Ivoire vivant dans les pays de l'OCDE en 2015/16. Nés dans l'UEMOA : personnes nées dans les pays de l'UEMOA vivant dans les pays de l'OCDE en 2015/16. Nés à l'étranger : ensemble des immigrés vivant dans les pays de l'OCDE en 2015/16. Nés dans le pays : personnes nées dans les pays de l'OCDE et vivant dans leur pays de naissance en 2015/16. Population Côte d'Ivoire : personnes vivant en Côte d'Ivoire en 2015.
Source : Base de données sur les immigrés dans les pays de l'OCDE (DIOC) 2015/16. Pour la population de la Côte d'Ivoire (2015) : United Nations, Department of Economic and Social Affairs, Population Division (2019). World Population Prospects 2019.

Graphique 2.11. Distribution par âge et sexe de la population des émigrés ivoiriens dans quelques pays de destination de l'OCDE, 2015/16

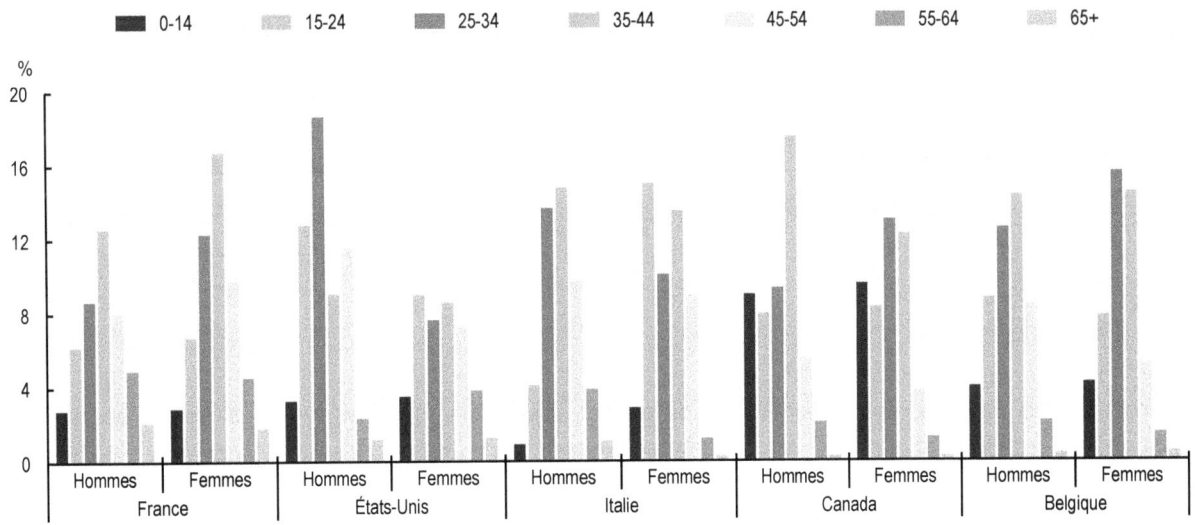

Source : Base de données sur les immigrés dans les pays de l'OCDE (DIOC) 2015/16.

Plus d'un émigré ivoirien sur cinq est arrivé récemment dans son pays d'accueil

Dans l'ensemble des pays de l'OCDE, en 2015/16, 21 % des émigrés ivoiriens vivaient dans leur pays d'accueil depuis moins de 5 ans, tandis que 57 % d'entre eux étaient installés à l'étranger depuis plus de 10 ans (Graphique 2.12). Les émigrés ivoiriens constituent en moyenne dans les pays de l'OCDE une diaspora légèrement plus récente que l'ensemble des émigrés nés dans l'UEMOA. La part des émigrés récents au sein des diasporas malienne et béninoise est ainsi inférieure à 20 %, avec près de 65 % d'émigrés installés depuis plus de 10 ans. La différence est encore plus marquée si l'on considère l'ensemble des immigrés vivant dans les pays de l'OCDE, parmi lesquels 70 % sont installés dans leur pays de destination depuis plus de 10 ans et environ 15 % sont des migrants récents arrivés depuis moins de cinq ans.

Ces différences tiennent à deux principaux facteurs : l'ancienneté relative des flux migratoires vers les pays de l'OCDE et leur dynamique récente, ainsi que la nature et l'importance des migrations de retour. Si les migrations de retour sont significatives et qu'elles interviennent relativement tôt, dans un contexte où les flux temporaires sont importants, la durée de séjour moyenne des immigrés sera plus faible que si la plupart des immigrés ne repartent pas vers leur pays d'origine ou s'ils le font seulement à la fin de leur vie active. Dans le cas de la Côte d'Ivoire, on manque malheureusement d'informations quantitatives pour caractériser les migrations de retour (voir Chapitre 5) mais il est vraisemblable que le caractère plus récent de l'émigration ivoirienne explique en partie le fait que les migrants récents représentent une part relativement plus élevée.

Graphique 2.12. Distribution des émigrés ivoiriens selon leur durée de séjour dans les pays de destination de l'OCDE, 2015/16

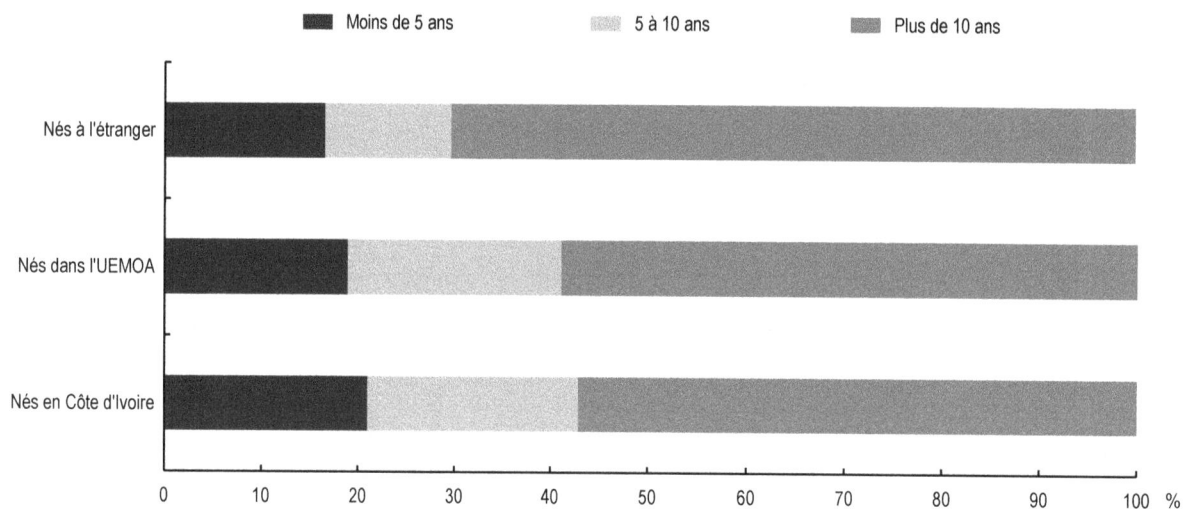

Note : Émigrés de 15 ans et plus.
Source : Base de données sur les immigrés dans les pays de l'OCDE (DIOC), 2015/16.

Les différences dans la distribution de la durée de séjour des émigrés ivoiriens selon les pays de destination permettent d'identifier les différentes dynamiques migratoires à l'œuvre vers les pays de l'OCDE (Graphique 2.13). Parmi les principaux pays de destination de l'OCDE, la France et l'Italie apparaissent comme les pays où la durée de séjour est en moyenne la plus élevée, avec respectivement 69 % et 63 % de séjours supérieurs à 10 ans. Par rapport à l'Italie, la France accueille toutefois une part plus importante de migrants ivoiriens arrivés depuis moins de cinq ans. A l'inverse, plus de 55 % des émigrés ivoiriens vivant en Suisse y résident depuis moins de cinq ans, ce qui reflète une part importante de migrations temporaires dans ce pays et relativement peu de perspectives d'installation à long terme. Dans le cas du Canada, bien que la part des migrants récents soit également très élevée (49 %), cela est surtout dû à la croissance récente des flux migratoires ivoiriens vers ce pays. Les émigrés ivoiriens aux

États-Unis présentent une distribution de durée de séjour intermédiaire, avec environ un quart de migrants récents et près de 40 % de migrants présents dans le pays depuis plus de 10 ans.

Graphique 2.13. Distribution des émigrés ivoiriens selon leur durée de séjour dans leurs principaux pays de destination de l'OCDE, 2015/16

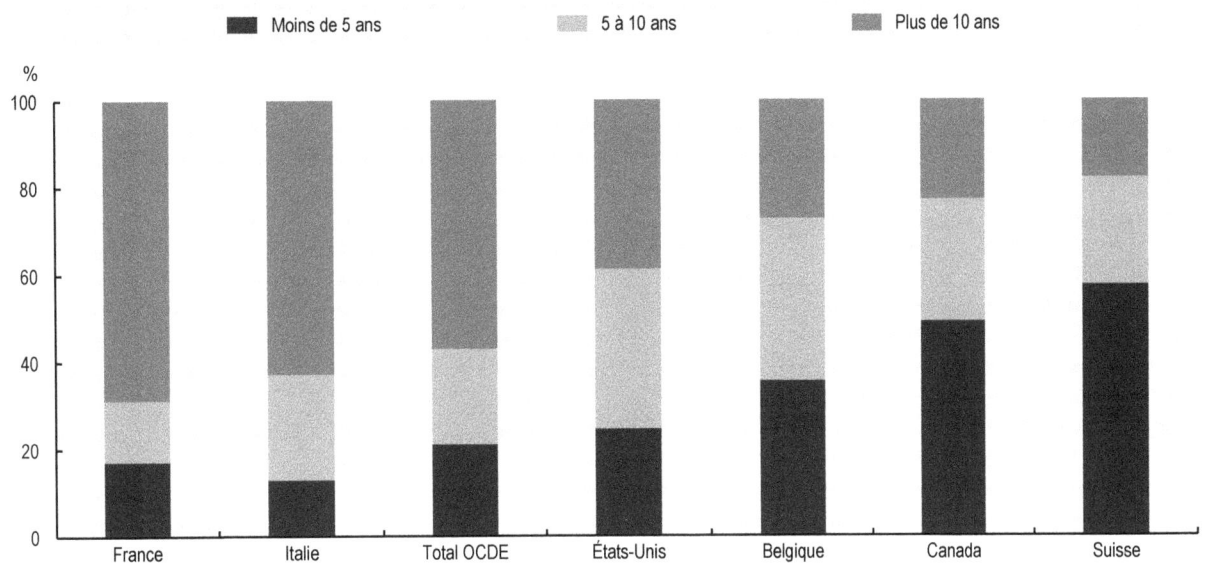

Note : Émigrés de 15 ans et plus.
Source : Base de données sur les immigrés dans les pays de l'OCDE (DIOC), 2015/16.

Distribution de l'éducation parmi les émigrés ivoiriens dans les pays de l'OCDE

Le niveau d'éducation des émigrés ivoiriens a augmenté au cours des dernières décennies

En 2015/16, plus d'un tiers des émigrés ivoiriens vivant dans les pays de l'OCDE (36 %) avaient un niveau d'éducation faible, ayant atteint au plus le premier cycle de l'enseignement secondaire (Graphique 2.14). Ils étaient 31 % à avoir un niveau d'éducation intermédiaire correspondant au second cycle de l'enseignement secondaire et 33 % un niveau d'éducation élevé. Par rapport à 2000/01, le niveau d'éducation des émigrés ivoiriens dans les pays de l'OCDE a augmenté. La part des émigrés ivoiriens ayant un faible niveau d'éducation a diminué de 3 points de pourcentage, tandis que la part de ceux ayant un diplôme du supérieur a augmenté de 6 points de pourcentage. Toutefois, le niveau d'éducation de l'ensemble des immigrés vivant dans les pays de l'OCDE a connu une dynamique légèrement plus favorable, avec une augmentation de plus de 7 points de pourcentage des diplômés du supérieur.

Globalement les émigrés ivoiriens résidant dans les pays de l'OCDE ont une distribution de l'éducation assez proche de celle des natifs des pays de l'OCDE, même si la part des diplômés du supérieur est plus faible pour ces derniers (26 % contre 33 %). En revanche, les émigrés ivoiriens dans les pays de l'OCDE sont très nettement plus éduqués que l'ensemble de la population ivoirienne, ce qui reflète la très forte sélection positive de l'émigration en provenance des pays en développement et à destination des pays de l'OCDE. Même si la part des diplômés du supérieur en Côte d'Ivoire a augmenté entre 2000 et 2015 (de 1.8 % à 4.3 %), elle a crû moins vite que parmi les émigrés ivoiriens ; l'écart s'est donc creusé avec les émigrés.

Par rapport aux émigrés originaires des autres pays de l'UEMOA, la part des émigrés ivoiriens ayant un diplôme de l'enseignement supérieur est plutôt élevée (Graphique 2.15). C'est le cas pour seulement environ 20 % des émigrés maliens ou sénégalais, soit 13 points de pourcentage de moins que parmi les émigrés ivoiriens. Les émigrés béninois sont toutefois ceux qui ont en moyenne les niveaux d'éducation les plus élevés, avec plus de 50 % de diplômés du supérieur et seulement 20 % ayant un niveau d'éducation faible (i.e. jusqu'au premier cycle du secondaire).

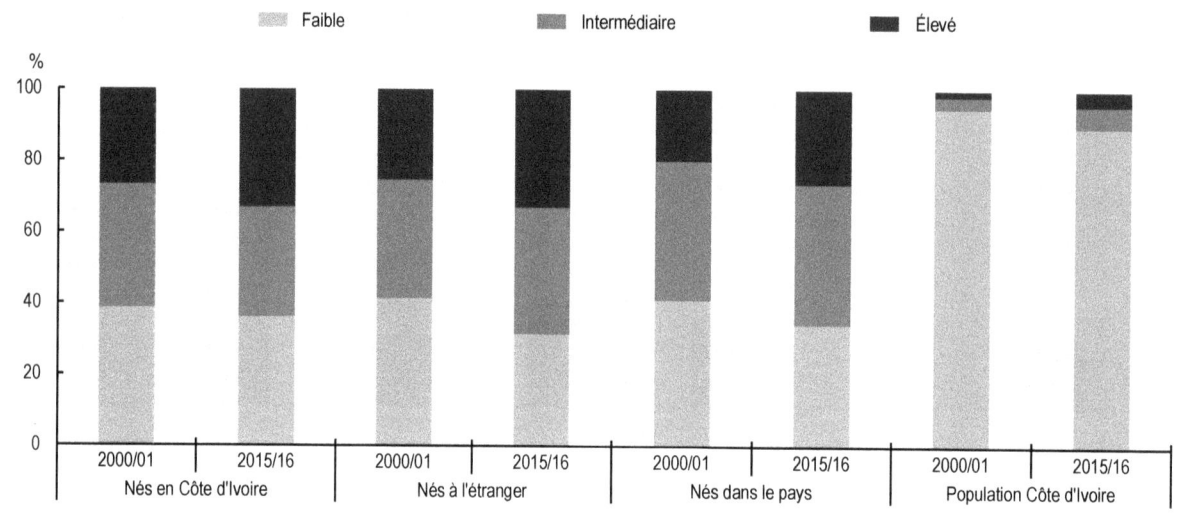

Graphique 2.14. Distribution de l'éducation parmi les émigrés ivoiriens dans les pays de l'OCDE et différents groupes de comparaison, 2000/01 et 2015/16

Note : Émigrés âgés de 15 ans et plus.
Source : Base de données sur les immigrés dans les pays de l'OCDE (DIOC), 2000/01 et 2015/16. Population de la Côte d'Ivoire (2000, 2015) : Lutz et al. (2018[1]), « Demographic and Human Capital Scenarios for the 21st Century: 2018 assessment for 201 countries », https://doi.org/10.2760/835878.

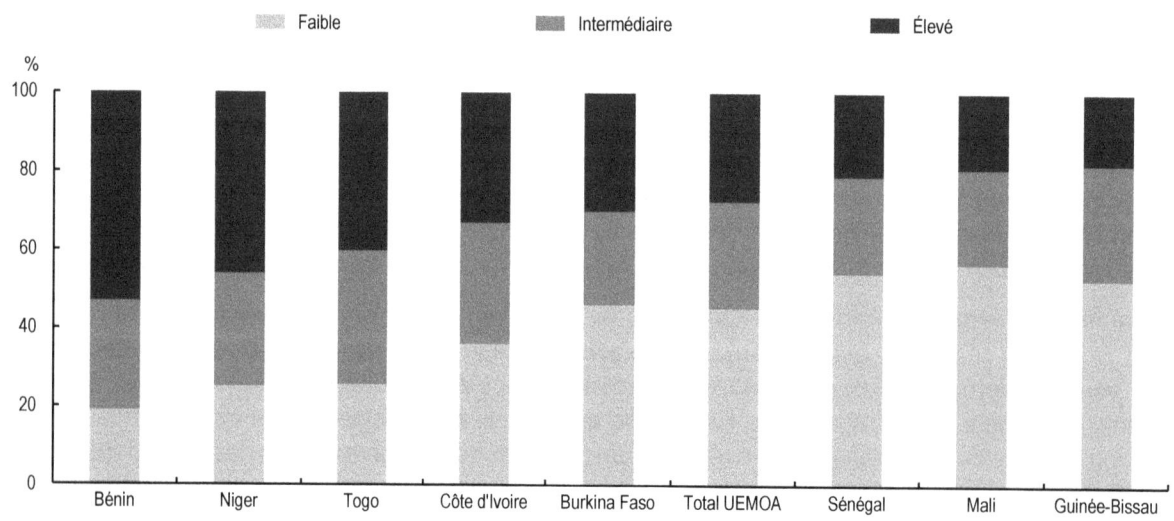

Graphique 2.15. Distribution de l'éducation parmi les émigrés nés en Côte d'Ivoire et dans les autres pays de l'UEMOA résidant dans les pays de l'OCDE, 2015/16

Note : Émigrés âgés de 15 ans et plus.
Source : Base de données sur les immigrés dans les pays de l'OCDE (DIOC), 2015/16.

Les émigrés ivoiriens avec un niveau d'étude élevé sont mieux représentés dans les pays anglo-saxons

Le niveau d'éducation des émigrés ivoiriens varie selon les pays dans lesquels ils résident (Graphique 2.16). En 2015/16, 80 % des émigrés ivoiriens résidant en Italie avaient un faible niveau d'éducation. Les données récentes de l'enquête emploi en Italie indiquent qu'ils étaient près de 70 % à être faiblement éduqués en 2017-20. En revanche, seuls 11 % des émigrés ivoiriens vivant au Canada et 15 % de ceux résidant aux États-Unis avaient un niveau d'éducation faible en 2015/16. En 2017-19, aux États-Unis, la proportion d'émigrés ivoiriens ayant un niveau d'éducation faible n'était que de 5 % (contre 20 % pour l'ensemble des immigrés). L'Amérique du Nord est ainsi la région qui accueille en proportion le moins d'émigrés ivoiriens ayant un niveau d'éducation faible. Les pays anglo-saxons accueillent aussi en proportion le plus d'émigrés ivoiriens diplômés du supérieur. En effet, près de 75 % des émigrés ivoiriens au Canada étaient diplômés du supérieur en 2015/16, cette proportion étant de 46 % au Royaume-Uni et de 44 % aux États-Unis. À l'inverse, l'Italie est le pays où la part de diplômés du supérieur parmi les émigrés ivoiriens est la plus faible – avec seulement 4 %.

En France, la répartition des émigrés ivoiriens par niveau d'éducation est plus équilibrée : en 2018-19, environ un tiers d'entre eux dans chaque groupe (diplômés du supérieur : 32 % ; deuxième cycle du secondaire : 34 % ; premier cycle du secondaire ou moins : 34 %).

Si les États-Unis et le Canada accueillent une proportion plus élevée d'émigrés avec un niveau d'éducation supérieur, la France reste le pays qui accueille le plus grand nombre d'émigrés ivoiriens diplômés du supérieur des pays de l'OCDE puisqu'environ 61 % d'entre eux vivent en France. Les États-Unis accueillent pour leur part un peu plus d'un cinquième des émigrés ivoiriens diplômés du supérieur.

La France est également le pays qui accueille le plus grand nombre d'émigrés ivoiriens ayant un faible niveau d'éducation. Près de trois émigrés ivoiriens sur cinq avec un niveau d'éducation faible vivent en France (58 % contre 53 % tout niveau d'étude confondu). Un quart d'entre eux vit en Italie et seulement 7 % vivent aux États-Unis.

Graphique 2.16. Distribution de l'éducation parmi les émigrés nés en Côte d'Ivoire selon leur pays de résidence, 2015/16

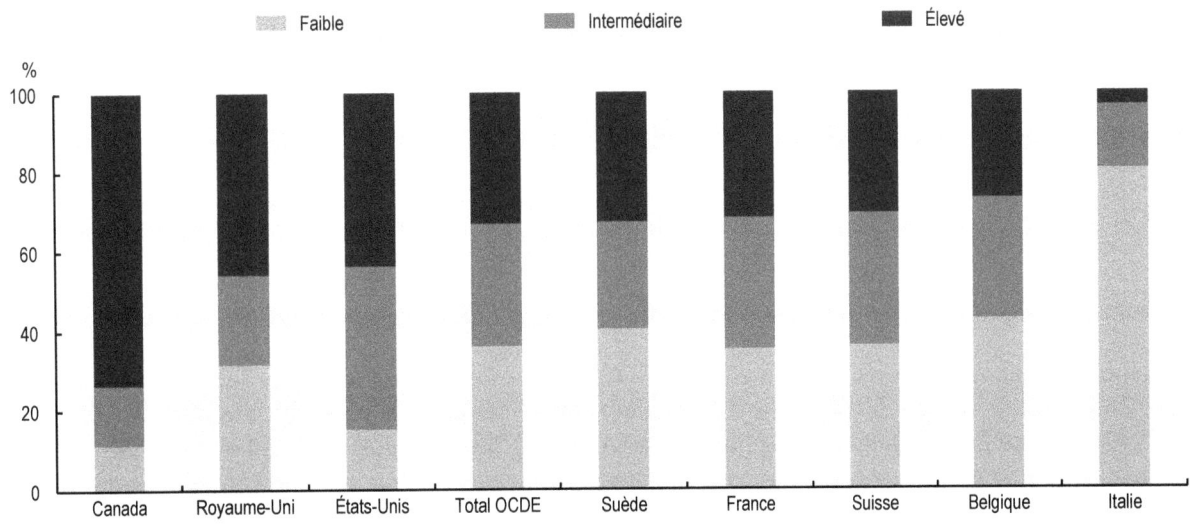

Note : Émigrés âgés de 15 ans et plus.
Source : Base de données sur les immigrés dans les pays de l'OCDE (DIOC), 2015/16.

Parmi les émigrés ivoiriens, les femmes ont un niveau d'éducation plus faible que les hommes

Les femmes émigrées ivoiriennes ont en moyenne un niveau d'éducation plus faible que les hommes. En 2015/16, dans les pays de l'OCDE, 28 % des femmes émigrées ivoiriennes avaient un niveau d'éducation élevé – tandis que c'était le cas pour 38 % des hommes – et 41 % avaient un niveau d'éducation faible – contre 31 % pour les hommes (Graphique 2.17).

Bien que l'augmentation du niveau d'éducation des émigrés ivoiriens ait concerné les hommes et les femmes, le niveau d'éducation a progressé davantage parmi les femmes que parmi les hommes. La part des émigrés ivoiriens masculins ayant un niveau d'éducation faible est restée stable entre 2000/01 et 2015/16 (31 %), tandis que celle des diplômés du supérieur a augmenté de 5 points de pourcentage sur la même période (passant de 33 % à 38 %). Parmi les femmes émigrées ivoiriennes, la part de celles ayant un faible niveau d'éducation a baissé de 5 points de pourcentage (passant de 47 % à 41 %), tandis que la part des diplômées du supérieur a augmenté de 8 points de pourcentage (passant de 20 % à 28 %).

Graphique 2.17. Distribution de l'éducation parmi les émigrés nés en Côte d'Ivoire selon le sexe, 2000/01 et 2015/16

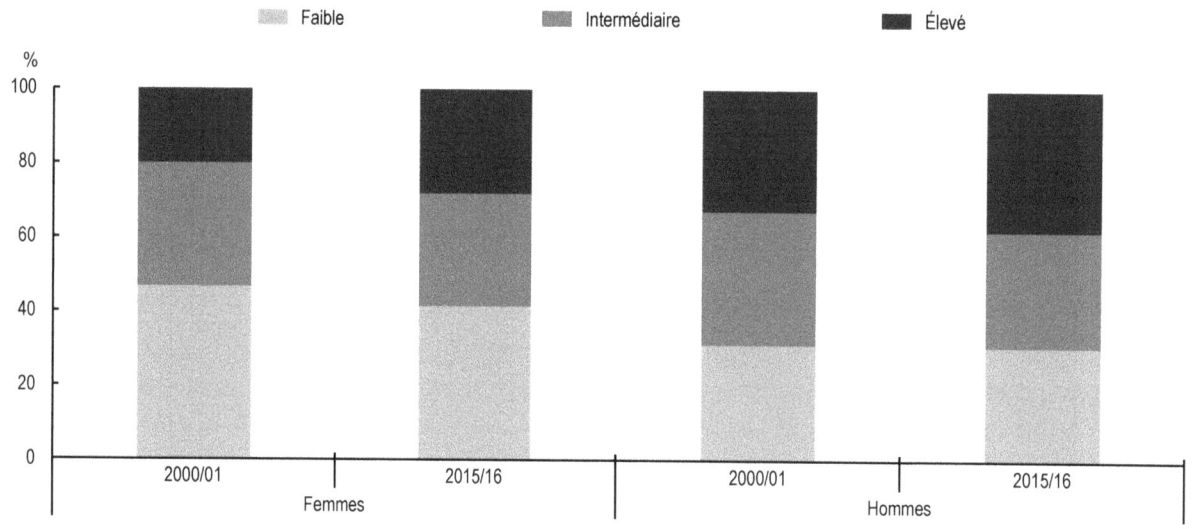

Note : Émigrés âgés de 15 ans et plus.
Source : Base de données sur les immigrés dans les pays de l'OCDE (DIOC), 2000/01 et 2015/16.

Taux d'émigration vers les pays de l'OCDE

Le taux d'émigration des Ivoiriens vers les pays de l'OCDE est relativement faible

Le nombre d'émigrés ivoiriens dans les pays de l'OCDE est relativement faible par rapport à la population de la Côte d'Ivoire : en 2015/16 le taux d'émigration de la Côte d'Ivoire vers les pays de l'OCDE était de 1.4 % (Graphique 2.18). Ce taux a augmenté relativement à 2000/01, puisqu'il était alors de 0.6 %. Parmi les pays de l'UEMOA, le taux d'émigration de la Côte d'Ivoire est inférieur au taux d'émigration du Sénégal (3.5 %), de la Guinée-Bissau (2.7 %) et du Togo (1.5 %), mais supérieur aux taux de plusieurs pays comme le Burkina Faso et le Niger dont les taux d'émigration sont nettement plus faibles (0.3 % et 0.1 % respectivement).

Au niveau du continent africain, le taux d'émigration de la Côte d'Ivoire est largement inférieur à celui de nombreux pays (OCDE, 2019[2]). Le faible niveau du taux d'émigration de la Côte d'Ivoire vers les pays de l'OCDE peut notamment s'expliquer par le caractère récent du phénomène de l'émigration en Côte d'Ivoire, par les contraintes de liquidité auxquelles font face les Ivoiriens souhaitant quitter leur pays, ainsi que par le caractère sélectif des politiques migratoires des pays de l'OCDE.

Graphique 2.18. Taux d'émigration des pays de l'UEMOA vers les pays de l'OCDE, 2000/01 et 2015/16

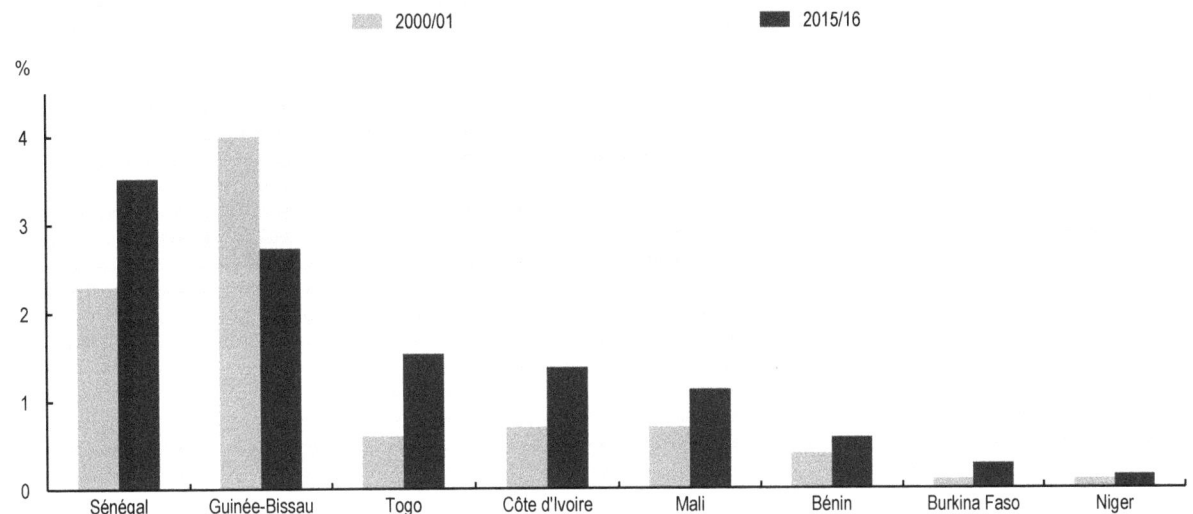

Note : Le taux d'émigration est le ratio entre le nombre d'émigrés (15+) du pays considéré résidant dans les pays de l'OCDE et la somme de la population (15+) du pays et des émigrés résidant dans les pays de l'OCDE.
Source : Base de données sur les immigrés dans les pays de l'OCDE, 2000/01 et 2015/16.

Les diplômés du supérieur, en particulier les femmes, présentent des taux d'émigration nettement plus élevés que la moyenne

En décomposant le taux d'émigration des Ivoiriens vers les pays de l'OCDE selon le sexe et le niveau d'éducation, deux constats apparaissent. Premièrement, le taux d'émigration augmente de façon très importante avec le niveau d'éducation. Ainsi, le taux d'émigration des personnes nées en Côte d'Ivoire et ayant au maximum atteint le premier cycle du secondaire était inférieur à 0.6 % en 2015/16. Pour les personnes ayant un niveau d'éducation intermédiaire (deuxième cycle du secondaire), le taux d'émigration était de 6.3 %, tandis qu'il était de 9.7 % pour les diplômés du supérieur. Ce gradient du taux d'émigration en fonction du niveau d'éducation se retrouve de façon générale pour la plupart des pays en développement, en particulier en Afrique (d'Aiglepierre et al., 2020[3]). Deuxièmement, les femmes ont des taux d'émigration plus élevés que les hommes, et cette différence s'accroît avec le niveau d'éducation. Alors que la ratio entre le taux d'émigration des femmes et celui des hommes est de 1.3 pour les personnes peu éduquées, il est de 1.8 pour les personnes ayant un niveau d'éducation intermédiaire et de 1.9 pour les diplômés du supérieur (Graphique 2.19).

Graphique 2.19. Taux d'émigration des personnes nées en Côte d'Ivoire, selon le sexe et le niveau d'éducation, 2015/16

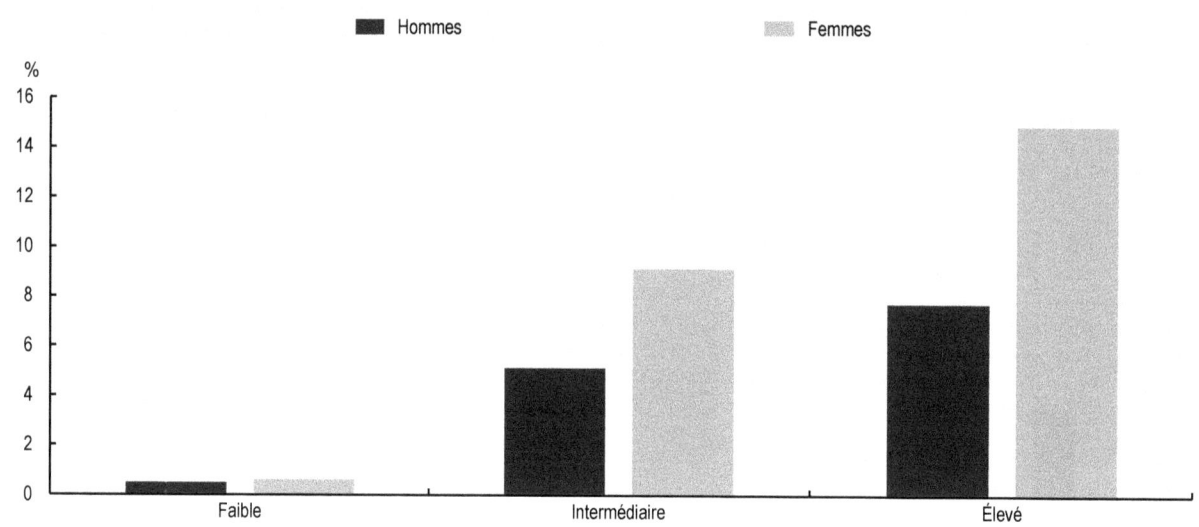

Note : Le taux d'émigration est le ratio entre le nombre d'émigrés (15+) du pays considéré résidant dans les pays de l'OCDE et la somme de la population (15+) du pays et des émigrés résidant dans les pays de l'OCDE.
Source : Base de données sur les immigrés dans les pays de l'OCDE, 2015/16.

Références

d'Aiglepierre, R. et al. (2020), « A global profile of emigrants to OECD countries : Younger and more skilled migrants from more diverse countries », *Documents de travail de l'OCDE sur les questions sociales, l'emploi et les migrations*, n° 239, Éditions OCDE, Paris, https://dx.doi.org/10.1787/0cb305d3-en. [3]

Lutz, W. et al. (2018), *Demographic and Human Capital Scenarios for the 21st Century: 2018 assessment for 201 countries*, Publications Office of the European Union, https://doi.org/10.2760/835878. [1]

OCDE (2019), « Are the characteristics and scope of African migration outside of the continent changing? », *Migration Data Brief* 5, https://www.oecd.org/migration/mig/Migration-data-brief-5-EN.pdf. [2]

3 Situation des émigrés ivoiriens sur le marché du travail

Ce chapitre examine l'insertion sur le marché du travail des émigrés ivoiriens dans les pays de l'OCDE. Avec un intérêt particulier pour les principaux pays de destination des émigrés ivoiriens, nous y étudions le statut d'occupation des 15-64 ans en 2015/2016 et plus récemment en 2017/2020 en France, en Italie et aux États-Unis. Nous nous intéressons à l'évolution de cette insertion depuis la crise financière et économique de la fin des années 2000 et du début des années 2010 en Europe. Nous y examinons les facteurs d'employabilité des émigrés ivoiriens au travers des questions de genre et d'éducation mais aussi de durée de séjour et d'acquisition de la nationalité. Outre la mesure du taux d'emploi, de chômage et d'inactivité des émigrés ivoiriens, les types de postes, leur adéquation avec leurs qualifications et les secteurs d'activité où ils travaillent sont étudiés. Ce chapitre se ferme sur les caractéristiques de l'insertion des descendants d'émigrés ivoiriens.

En bref

Principaux résultats

- En 2015/2016, 77 % des émigrés ivoiriens en âge de travailler participent au marché du travail dans les pays de l'OCDE.
- Ce taux de participation cache un niveau élevé de taux de chômage : 21 % d'entre eux sont au chômage.
- 61 % des émigrés ivoiriens entre 15 et 64 ans sont ainsi en emploi, un taux similaire à l'ensemble des émigrés des pays de l'UEMOA mais significativement inférieur au taux de participation de l'ensemble des immigrés et des natifs de l'OCDE.
- Ces taux varient beaucoup selon le pays de destination. En France, premier pays de destination des émigrés ivoiriens, 62 % d'entre eux sont en emploi en 2019/2020 quand ils sont 71 % aux États-Unis en 2017/2019.
- Depuis 2010/2011, le taux d'emploi des émigrés ivoiriens sur le marché du travail est resté relativement stable.
- Il reste cependant plus difficile pour les femmes d'accéder à l'emploi. À peine plus de la moitié des femmes nées en Côte d'Ivoire et résidant dans un pays de l'OCDE est en emploi contre les deux tiers de leur contrepartie masculine.
- Le niveau d'éducation est un autre déterminant de l'accès à l'emploi. Dans l'ensemble, 71 % des émigrés ivoiriens les plus éduqués ont un emploi, un taux inférieur à celui observé pour l'ensemble des immigrés.
- Ce taux d'emploi plus élevé pour les individus ayant suivi des études supérieures cache une grande inadéquation entre emploi et qualifications. Près de la moitié des émigrés ivoiriens ayant suivi un enseignement supérieur occupe un poste demandant des qualifications inférieures à celles obtenues.
- Ainsi, les émigrés ivoiriens occupent surtout des postes faiblement qualifiés. Ils travaillent en premier lieu comme aides ménagers. Une part non négligeable des femmes travaille dans le secteur des soins aux particuliers. Ce constat au sein de l'OCDE est à nuancer dans la mesure où il existe d'importantes hétérogénéités entre les pays.
- Les émigrés ivoiriens travaillent avant tout dans le secteur des services aux États-Unis et en France et plus rarement dans les secteurs primaires et secondaires sauf en Italie où environ 40 % de la main d'œuvre née en Côte d'Ivoire travaille dans la construction ou l'industrie manufacturière et extractive.
- Les descendants d'émigrés ivoiriens s'insèrent plus facilement sur le marché du travail. En France, 75 % des 25-64 ans sont en emploi, un taux similaire à celui des enfants de parents natifs.

Une insertion difficile des émigrés ivoiriens sur le marché travail

Une insertion sur le marché du travail très inégale selon les pays de destination

Parmi les 189 000 émigrés nés en Côte d'Ivoire âgés entre 15 et 64 ans et résidant dans les pays de l'OCDE, 77 % d'entre eux participent au marché du travail, comme le montre le Graphique 3.1. Ce taux d'activité correspond au taux moyen de participation des émigrés des pays de l'Union économique et monétaire ouest-africaine (UEMOA) et est légèrement supérieur au taux d'activité moyen des immigrés dans les pays de l'OCDE (74 %). Toutefois, comme leurs homologues originaires des autres pays de l'UEMOA, les émigrés ivoiriens sont plus de deux fois plus fréquemment au chômage que l'ensemble des émigrés (21 % contre 10 %). De ce fait, le taux d'emploi des émigrés ivoiriens est relativement faible, concernant 61 % des 15-64 ans, un taux similaire à celui de l'ensemble des émigrés originaires des pays de l'UEMOA, mais inférieur à celui de l'ensemble des immigrés (67 %) et des natifs des pays de l'OCDE (65 %).

Cette insertion difficile sur le marché du travail diffère substantiellement selon les pays de destination. Moins de la moitié des émigrés ivoiriens occupent un emploi en Grèce, Finlande, Belgique, Irlande, Australie et Hollande. Dans ces trois premiers pays même, moins de deux adultes sur cinq sont en emploi. Ces taux sont significativement inférieurs au taux d'emploi des natifs qui atteint 50 % en Grèce (contre 37 % pour les émigrés ivoiriens) et jusqu'à 77 % aux Pays-Bas (contre 45 % pour les individus nés en Côte d'Ivoire).

Dans le troisième pays de destination de l'OCDE des Ivoiriens, l'Italie, à peine 52 % d'entre eux ont un emploi et 27 % sont à la recherche d'un emploi. Ces derniers chiffres sont similaires à ceux observés en France, premier pays de destination des émigrés ivoiriens. Effectivement, seuls trois adultes sur cinq en âge de travailler ont un emploi et un sur quatre est au chômage. Parmi les autres principaux pays de destination, au Canada et au Royaume-Uni, 63 % et 64 % des émigrés ivoiriens ont un emploi. 15 % des individus nés en Côte d'Ivoire et résidant au Canada sont au chômage contre 24 % au Royaume-Uni.

Le taux d'emploi des émigrés ivoiriens est supérieur à celui des natifs dans deux pays uniquement, Israël et les États-Unis. Dans le premier, ce résultat doit être nuancé par le très faible effectif d'Ivoiriens résidant en Israël : on compte moins de 300 individus entre 15 et 64 ans en 2015/16. Aux États-Unis, deuxième pays de destination des Ivoiriens en revanche, 71 % des immigrés ont un emploi contre 69 % des natifs. Cependant, la proportion d'actifs occupés aux États-Unis cache une forte inadéquation entre les emplois occupés par les émigrés ivoiriens et leur qualification, comme nous le montrerons plus tard dans le chapitre.

Graphique 3.1. Statut d'activité des émigrés ivoiriens en âge de travailler selon le pays de destination dans les pays de l'OCDE, 2015/16

% de la population entre 15 et 64 ans

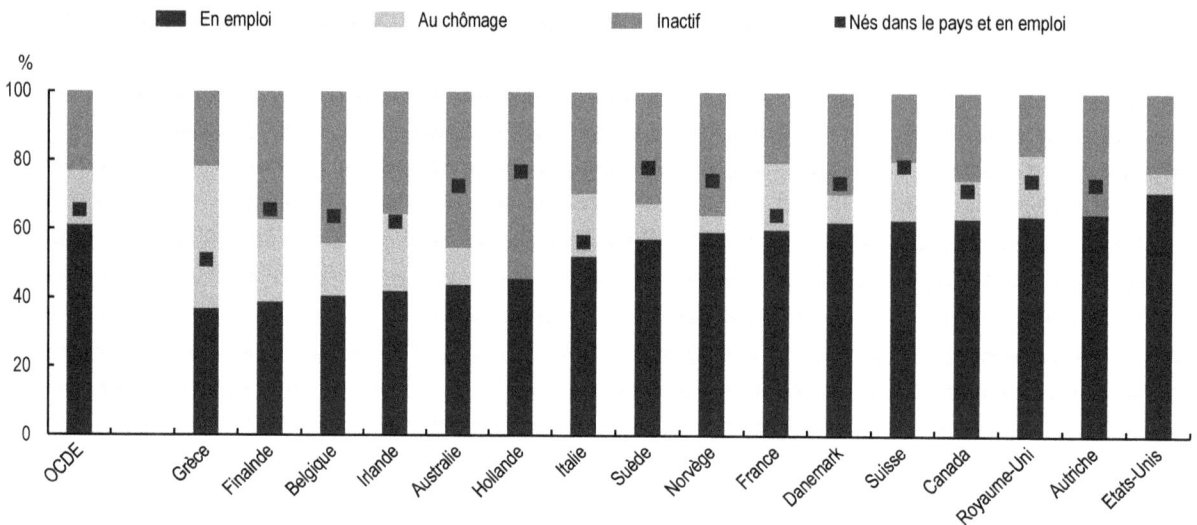

Note : Les statistiques sont présentées pour les 17 pays où les immigrés ivoiriens sont les plus nombreux dans les pays de l'OCDE.
Source : Base de données sur les immigrés dans les pays de l'OCDE (DIOC) 2015/16.

Les Ivoiriens s'insèrent généralement moins bien dans les principaux pays d'accueil que les émigrés des autres pays comme le montre le Graphique 3.2. Cela s'observe particulièrement au Royaume-Uni et en Italie mais aussi au Canada où les taux d'emploi moyen des immigrés sont supérieurs entre 5 et 7 points de pourcentage à celui des émigrés ivoiriens. En Belgique, si l'accès à l'emploi est similaire pour les immigrés des pays de l'UEMOA, il est très inférieur à celui des immigrés venant d'autres pays (10 points de pourcentage inférieur). La France, avec les États-Unis, constitue un cas particulier dans la mesure où les immigrés venant de Côte d'Ivoire et plus généralement des pays de l'UEMOA s'en sortent mieux que l'ensemble des immigrés en moyenne. Ces derniers ne sont que 55 % à occuper un emploi en 2015/16, soit 5 points de pourcentage de moins que les immigrés nés dans un pays de l'UEMOA. Aux États-Unis, si les individus nés en Côte d'Ivoire s'en sortent relativement moins bien que les immigrés d'origine d'autres pays de l'UEMOA dont 74 % sont des actifs occupés, ils accèdent l'emploi dans les mêmes proportions que les autres immigrés.

La participation au marché du travail des immigrés est d'autant plus forte que le temps écoulé depuis leur arrivée est important. Effectivement, comme le montre le Graphique 3.3, si les individus arrivés il y a un an ou moins sont essentiellement inactifs en France et en Italie, le constat se renverse dès que la durée de séjour dépasse un an. Entre un et cinq ans en France, 43.5 % des émigrés ivoiriens sont en emploi. Ce taux passe à 65 % au-delà de cinq ans passés en France et atteint 70 % après dix ans de résidence. Aux États-Unis, les émigrés ivoiriens arrivés depuis moins d'un an sont déjà 60 % à occuper un emploi. Si cela peut s'expliquer par la politique d'attribution de visas, le taux d'emploi croit de façon quasi linéaire avec le nombre d'années passées sur le territoire américain.

Graphique 3.2. Taux d'emploi des émigrés selon le pays de naissance et le pays de destination dans les pays de l'OCDE, 2015/16

% de la population entre 15 et 64 ans

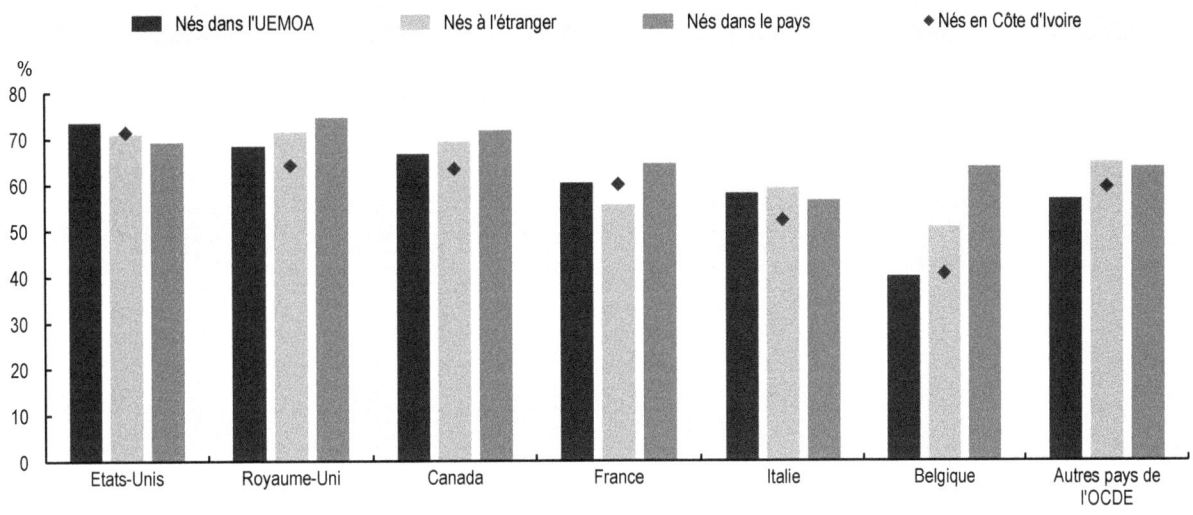

Note : Le taux d'emploi est calculé en divisant le nombre d'actifs occupés (c'est-à-dire le nombre de personnes ayant un emploi) par l'ensemble de la population en âge de travailler.
Source : Base de données sur les immigrés dans les pays de l'OCDE (DIOC) 2015/16.

Graphique 3.3. Évolution du taux d'emploi des émigrés ivoiriens selon le temps écoulé depuis l'arrivée en France, en Italie et au États-Unis, 2017/19 2017/20

% de la population entre 15 et 64 ans

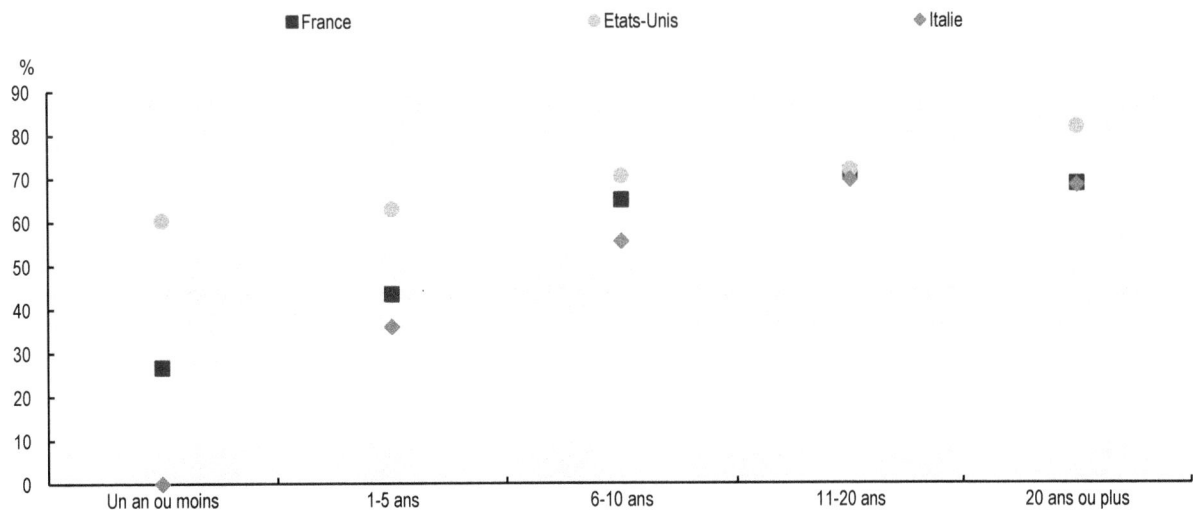

Sources : Enquête emploi en continu de l'Insee (EEC) 2017/20, *American community survey* du Census Bureau (ACS) 2017/19 et Enquête sur la main d'œuvre de l'Istat 2017/20.

En lien avec le temps passé dans les pays de destination, l'acquisition de la nationalité du pays facilite l'accès à l'emploi comme le montre le Tableau 3.1. Effectivement, les émigrés ivoiriens de nationalité italienne sont 66 % à occuper un emploi en 2017/20 contre 56 % pour ceux sans la nationalité italienne. Cela vaut aussi pour les États-Unis et la France dans des proportions très similaires. Ce constat se maintient mais dans une moindre mesure lorsqu'on contrôle la durée de séjour des émigrés ivoiriens.

Tableau 3.1. Taux d'emploi des émigrés ivoiriens selon leur nationalité en France, en Italie et aux États-Unis, 2017-20 et 2017-19

% de la population entre 15 et 64 ans

	France			Italie		États-Unis	
	Français de naissance	Naturalisé français	Étranger	Italien	Étranger	Américain	Étranger
Ensemble	68.3	69.2	58.5	65.7	56.3	77.9	67.9
Homme	70.9	77.6	63.1	65.6	69.1	82.8	67.4
Femme	65.6	64.2	55.4	65.9	39.9	72.7	68.6

Sources : Enquête emploi en continu de l'Insee (EEC) 2017-20, *American community survey* du Census Bureau (ACS) 2017-19 et Enquête sur la main d'œuvre de l'Istat 2017-20.

Au Mali et au Sénégal, le taux d'emploi des émigrés ivoiriens est supérieur à celui des natifs

Les données disponibles nous permettent d'étudier en partie l'insertion économique des émigrés ivoiriens en Afrique de l'Ouest, première région de destination des Ivoiriens, au travers de leur insertion au Mali et au Sénégal. Les données de l'enquête modulaire et permanente auprès des ménages (EMOP) collectées en 2016 renseignent sur le niveau d'activité des émigrés ivoiriens au Mali, leur troisième pays de destination (voir Chapitre 2). Ainsi, deux tiers des 15 ans et plus étaient en emploi en 2016 comme présenté dans le Graphique 3.4. Ce taux était supérieur de 3 points de pourcentage à celui observé pour l'ensemble des émigrés au Mali et surtout de 9 points de pourcentage au taux d'emploi des natifs. Si les femmes nées en Côte d'Ivoire travaillaient significativement moins que leurs homologues masculins au Mali (57 % soit 12 points de pourcentage de moins que les hommes), il restait supérieur de 7 et 10 points de pourcentage à celui des femmes nées à l'étranger dans l'ensemble et nées au Mali respectivement. Dans l'ensemble, les émigrés ivoiriens au Mali sont substantiellement moins représentés (46 %) dans le secteur agricole que les natifs (64 %).

Au Sénégal, seuls 40 % des émigrés ivoiriens étaient en emploi en 2013 (mesuré à partir des données du dernier recensement général de la population). Cependant, ce niveau d'emploi est supérieur à celui des natifs de 3 points de pourcentage mais est sensiblement inférieur à celui de l'ensemble des émigrés au Sénégal (-6 points de pourcentage). Les femmes ivoiriennes sont seulement un quart à être en emploi au Sénégal, une proportion similaire à celle observée pour l'ensemble des femmes immigrées mais supérieur de 5 points de pourcentage à celui des natives.

La proportion de travailleurs à compte propre diffère substantiellement entre les émigrés ivoiriens au Mali et au Sénégal. Effectivement, si au Mali les travailleurs émigrés ivoiriens sont aussi fréquemment à compte propre que les immigrés en général (68 %), ils le sont bien moins au Sénégal ou la moitié est à compte propre contre 65 % et 67 % des immigrés en général et des natifs.

Graphique 3.4. Taux d'emploi selon le genre et le statut dans l'emploi des émigrés ivoiriens au Mali et en Côte d'Ivoire, 2016 et 2013

% de la population âgée de 15 ans et plus (pour les taux d'emploi) et pourcentage de la population en emploi (pour les individus à compte propre)

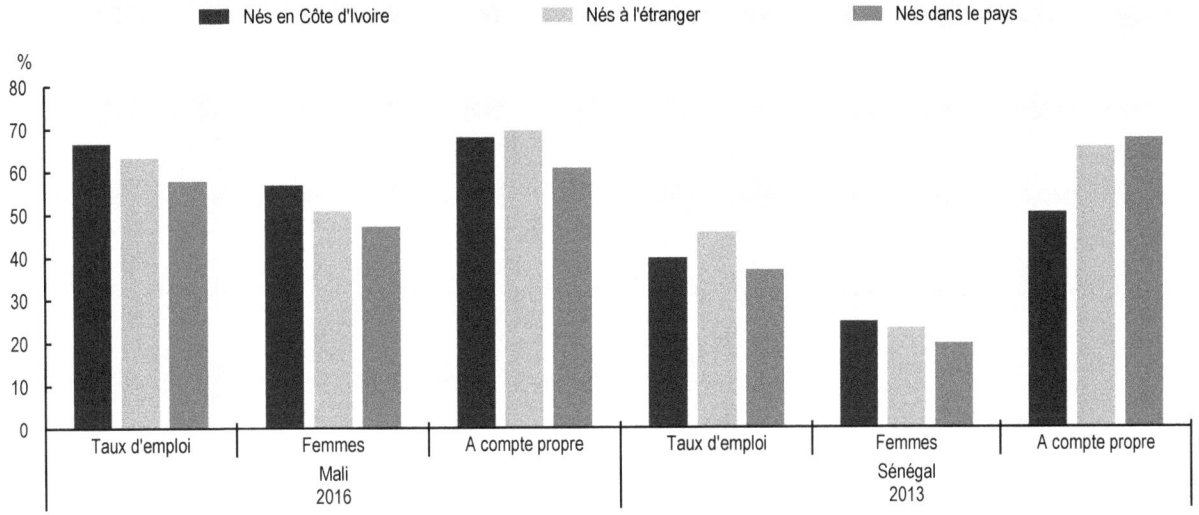

Sources : Enquête modulaire et permanente auprès des ménages au Mali de l'INSTAT (EMOP) de 2016, et Recensement général de la population et de l'habitat, de l'agriculture et de l'élevage de l'ANSD du Sénégal (RGPHAE) de 2013.

L'emploi des émigrés ivoiriens est resté relativement stable depuis 2010 dans les pays de l'OCDE

L'insertion sur le marché du travail des émigrés ivoiriens est stable depuis 2010/2011. Comme présenté dans le Graphique 3.5, le taux d'emploi des émigrés ivoiriens a augmenté de moins de 1 point de pourcentage sur la période, passant de 60.5 à 61 % en 2015/2016. L'évolution du niveau d'emploi des émigrés ivoiriens ne suit pas la tendance générale de relative amélioration de l'environnement économique dans les pays de l'OCDE au sortir de la crise économique et financière internationale et européenne de la fin des années 2000 et de la première moitié des années 2010. Effectivement, pour les émigrés des pays de l'UEMOA et dans une moindre mesure pour les émigrés en général, le taux d'emploi a augmenté respectivement de 3 et 2 points de pourcentage. Il s'inscrit dans le contexte de reprise relative de l'économie des pays de l'OCDE dont la légère augmentation du taux d'emploi des natifs de près d'un point de pourcentage est le témoin.

Graphique 3.5. Taux d'emploi des émigrés selon le pays de naissance dans les pays de l'OCDE, 2010/11 et 2015/16

% de la population entre 15 et 64 ans

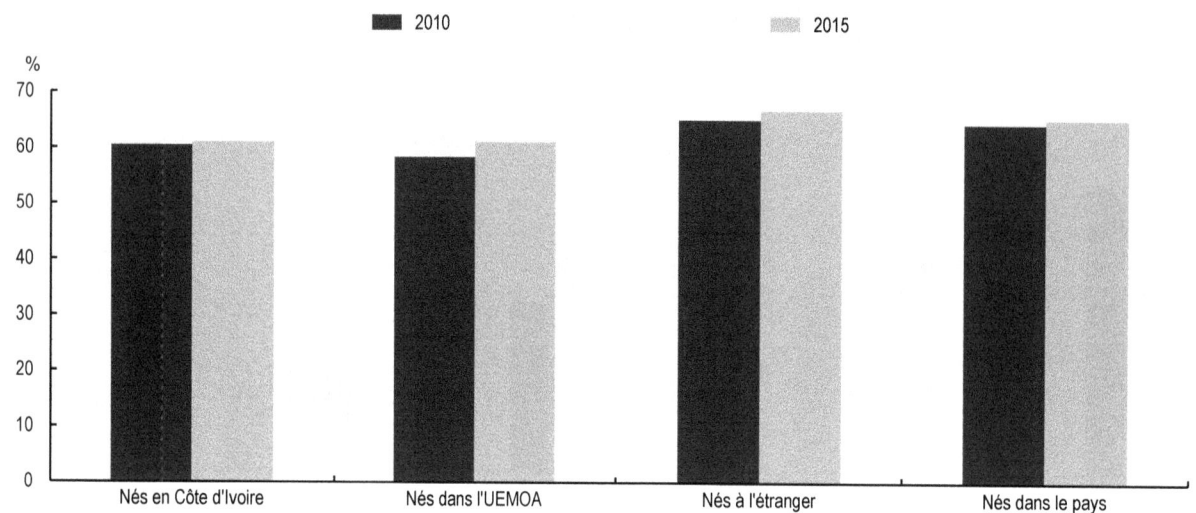

Source : Base de données sur les immigrés dans les pays de l'OCDE (DIOC) 2010/11 et 2015/16.

Cela se traduit de façon hétérogène selon les pays de destination comme le met en évidence le Graphique 3.6, signe de la diversité des niveaux de reprise économique observés dans les pays de destination. L'Italie, encore très touchée par la politique budgétaire restrictive et l'augmentation des taux d'intérêt, a vu le taux d'emploi des immigrés d'origine ivoirienne diminuer de près de 6 points de pourcentage, une dynamique négative observée aussi pour les natifs (-1.5 point de pourcentage) et dans des proportions similaires pour les émigrés des pays de l'UEMOA. En Belgique, où les fondamentaux économiques commencent à retrouver leur niveau d'avant crise, l'emploi est resté stable durant la période. En revanche, dans les pays anglo-saxons, et en premier lieu aux États-Unis et au Royaume-Uni, où la croissance est de retour de façon soutenue depuis plusieurs trimestres en 2015/2016, le taux d'emploi a augmenté significativement pour tous les individus dont les émigrés ivoiriens (+9 points de pourcentage aux États-Unis et +6 points de pourcentage au Royaume-Uni).

L'évolution hétérogène de l'insertion des émigrés ivoiriens sur différents marchés de l'emploi nationaux dans les pays de l'OCDE se poursuit sur la période la plus récente comme le montrent les résultats issus des enquêtes-emploi de la France (EEC) et de l'Italie (LFS) entre 2017 et 2020 et les enquêtes sur la communauté américaine (ACS) entre 2017 et 2019 (Ruggles et al., 2021[1]). Aux États-Unis, où la hausse du taux d'emploi était la plus forte entre 2010/11 et 2015/16, le taux d'emploi des émigrés ivoiriens s'est maintenu à 71 % avant le début de la pandémie du COVID-19 à un niveau égal à celui des natifs mais inférieur de 4 et 2 points de pourcentage à celui des émigrés des pays de l'UEMOA et des immigrés en général.

Graphique 3.6. Taux d'emploi des émigrés selon le pays de naissance et le pays de destination dans les pays de l'OCDE, 2010/11 et 2015/16

% de la population entre 15 et 64 ans

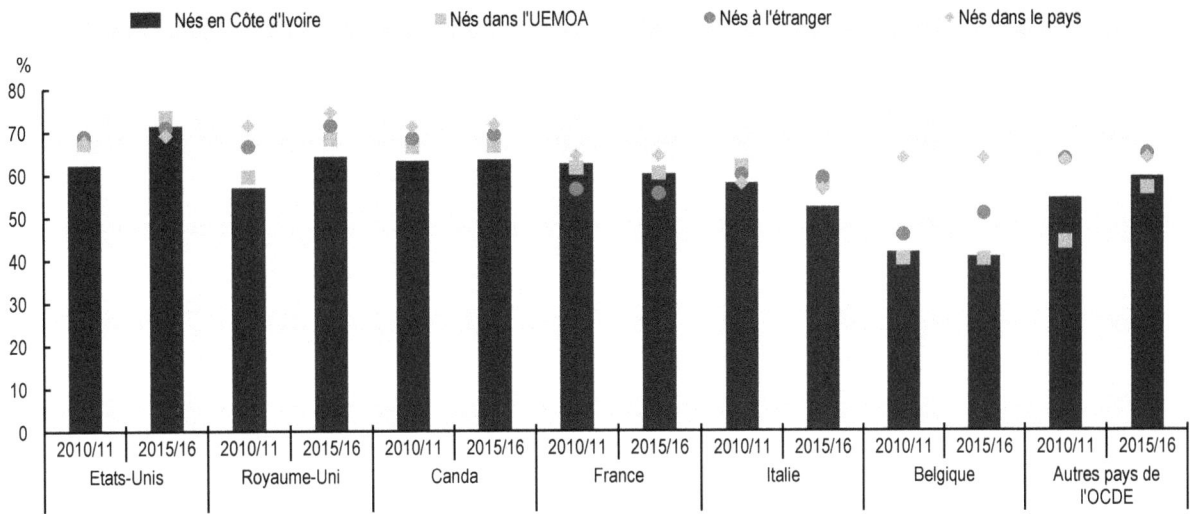

Source : Base de données sur les immigrés dans les pays de l'OCDE (DIOC) 2010/11 et 2015/16.

En Italie, la reprise économique matérialisée par une augmentation du taux d'emploi des natifs de 2 points de pourcentage entre 2015/2016 et 2017/2020, touche dans des proportions similaires les immigrés et particulièrement les émigrés de l'UEMOA dont le taux d'emploi atteint respectivement 60 et 61 %. S'il existe toujours un écart entre le niveau d'emploi moyen des immigrés en Italie et le taux d'emploi des émigrés ivoiriens, il s'est significativement réduit en 2017/2020. Effectivement, le taux d'emploi des émigrés ivoiriens a augmenté de 5 points de pourcentage atteignant 58 % en 2017/2020. Cette amélioration de l'insertion des émigrés ivoiriens sur le marché du travail est le résultat d'une diminution de près de 6 points de pourcentage du taux de chômage de ces derniers depuis 2015/2016. Le taux d'inactivité des émigrés ivoiriens reste malgré tout élevé en Italie (28 %) et supérieur aux moyennes observées pour les immigrés (13 %).

En France, le taux d'emploi des émigrés ivoiriens a suivi une évolution positive entre la période 2011/2012 et 2019/2020 quand elle est restée relativement constante pour l'ensemble des immigrés (Graphique 3.7). Si l'augmentation des niveaux d'emploi des émigrés ivoiriens a été particulièrement significative jusqu'en 2015/2016, elle a ralenti voire a été négative jusqu'en 2019/2020 période à laquelle le taux d'emploi des émigrés ivoiriens atteint 62 %, un taux toujours supérieur de 3 points de pourcentage à celui des immigrés. Par ailleurs, l'écart d'accès à l'emploi entre les femmes et les hommes émigrés ivoiriens a varié dans le temps. Alors qu'il était quasi-nul en 2011/2012, il s'est creusé depuis 2015/2016 : en 2019/2020, 59 % des femmes nées en Côte d'Ivoire étaient en emploi soit 7 points de pourcentage de moins que leur contrepartie masculine.

Graphique 3.7. Évolution du taux d'emploi des émigrés ivoiriens selon leur genre en France entre 2011 et 2020

% de la population entre 15 et 64 ans

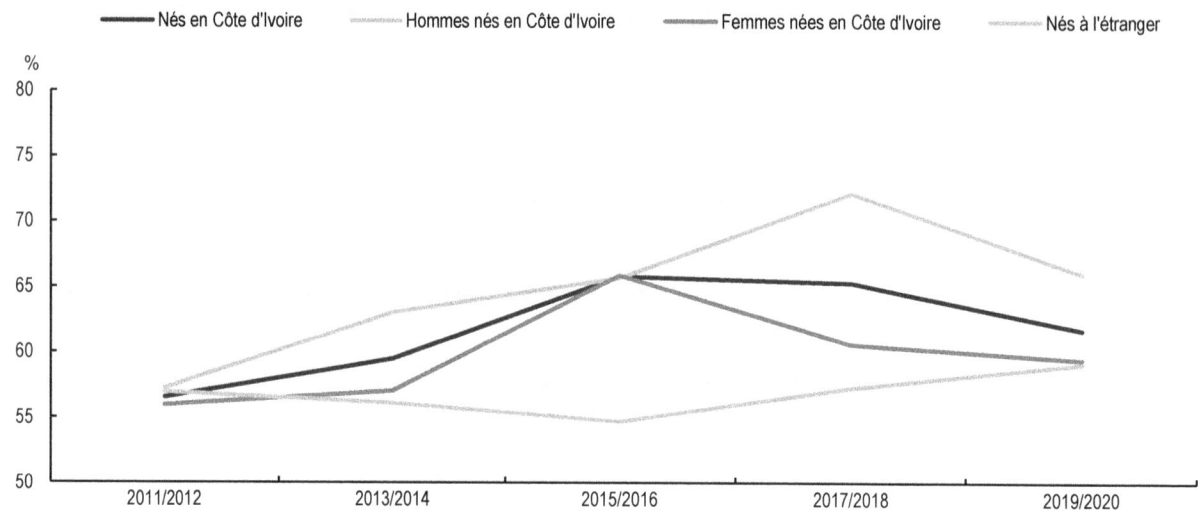

Source : Enquête emploi en continu de l'Insee (EEC) 2011/2020.

Le taux de chômage des émigrés ivoiriens, sur la période 2017/2020, retrouve les niveaux observés pour les émigrés de l'UEMOA (15 %). Les immigrés restent toutefois plus vulnérables sur le marché du travail étant près deux fois plus fréquemment exposés au chômage que les natifs. Un quart des émigrés ivoiriens sont par ailleurs inactifs. Parmi eux, 69 % ne sont ni en étude ni en formation.

Des disparités dans l'accès à l'emploi des émigrés ivoiriens selon leur genre subsistent

Les femmes immigrées doivent faire face à un défi double pour s'insérer sur marché du travail, du fait d'une part des inégalités de genre (OCDE, 2020[2]) et d'autre part de leur origine étrangère. Il existe de fait des différences souvent importantes de taux d'emploi entre hommes et femmes parmi les immigrés vivant dans les pays de l'OCDE : en moyenne, en 2015/16, le taux d'emploi des femmes est inférieur d'au moins 12 points de pourcentage à celui des hommes (voir Graphique 3.8). Parmi les émigrés ivoiriens, à peine plus de la moitié des femmes (55 %) ont un emploi contre plus de deux tiers (67 %) des hommes. Cela peut s'expliquer au moins pour partie par des différences entre les caractéristiques individuelles des hommes et des femmes. D'une part, les émigrées ivoiriennes en âge de travailler ont moins fréquemment suivi des études supérieures, et se présentent surtout plus fréquemment sur le marché du travail avec un niveau d'étude faible, équivalent au mieux à un niveau secondaire inférieur. De plus, mais de façon plus marginale, les émigrées ivoiriennes sont aussi présentes dans les pays de l'OCDE depuis relativement moins de temps, jouant aussi sur leur taux d'emploi comme présenté plus haut.

Par ailleurs, les émigrées ivoiriennes ont tendance à être davantage inactives (28 % contre 19 % pour les hommes). Elles sont aussi plus souvent au chômage (24 %) que les hommes (17 %) mais aussi que les femmes natives (10 %).

Graphique 3.8. Taux d'emploi des émigrés selon le genre et le pays de naissance dans les pays de l'OCDE, 2015/16

% de la population entre 15 et 64 ans

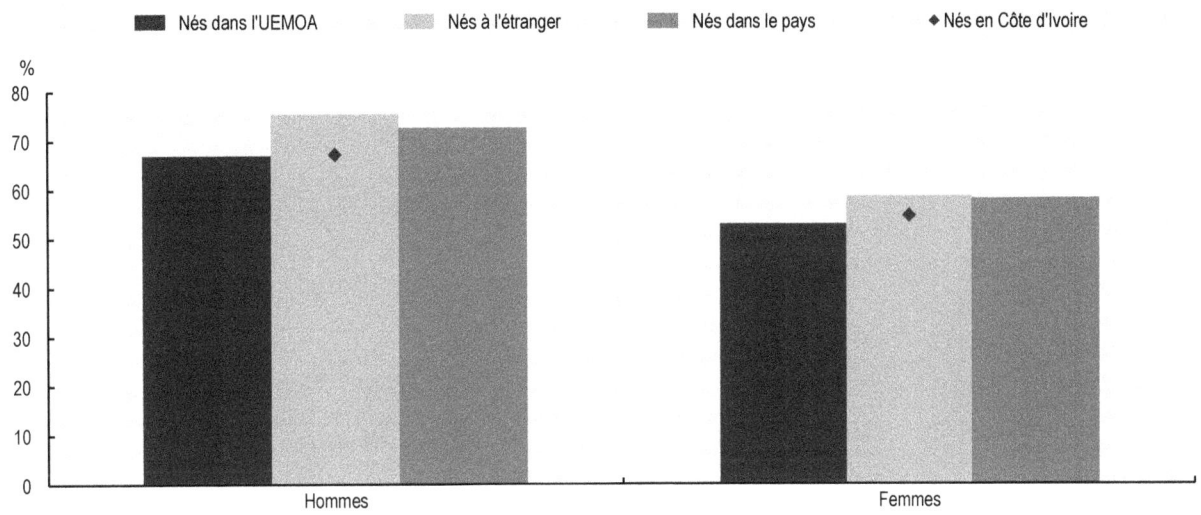

Source : Base de données sur les immigrés dans les pays de l'OCDE (DIOC) 2015/16.

Ce résultat s'observe dans l'ensemble des principaux pays de destination des émigrés de Côte d'Ivoire comme le montre le Graphique 3.9 mais est valable aussi quel que soit le pays de naissance. Si les différences d'accès à l'emploi sont plus hétérogènes pour les natifs des pays de l'OCDE que pour les immigrés, les femmes autochtones souffrent aussi d'un accès inégal au marché du travail.

L'écart de niveau d'emploi selon le genre est le plus faible pour les émigrés ivoiriens résidant au Royaume-Uni en 2015/2016 ; il est de 3 points de pourcentage. Cet écart est très faible relativement à l'écart moyen entre le taux d'emploi des hommes immigrés et celui des femmes immigrées au Royaume-Uni. Effectivement, en moyenne le taux d'emploi des hommes est respectivement supérieur de 17.5 points de pourcentage à celui des femmes. Il est aussi plus faible que pour les natifs dont le taux d'emploi des hommes est supérieur de 8 points de pourcentage. Ce plus faible écart d'insertion sur le marché du travail est à nuancer dans la mesure où les émigrés ivoiriens s'intègrent moins bien au marché du travail que le reste de la population résidente contrairement aux émigrées ivoiriennes au Royaume-Uni. Le taux d'emploi des hommes est 15 points de pourcentage inférieur à celui des immigrés en moyenne quand celui des femmes ivoiriennes est égal à la moyenne des immigrées. Ce plus faible écart s'explique notamment par le fait que les émigrées ivoiriennes ont davantage suivi des études supérieures que les hommes au Royaume-Uni.

Cet écart double et quadruple pour les émigrés ivoiriens respectivement en Belgique (44 % des hommes en emploi contre 37 % des femmes) et au Canada (69 % des hommes contre 57 % des femmes). Dans ces deux pays, le niveau moyen d'étude des hommes est généralement supérieur à celui des femmes comme mis en évidence dans le Chapitre 2 pouvant ainsi expliquer pour partie ces différences d'insertion sur le marché du travail. Ils sont cohérents avec les écarts observés en général pour la population en emploi.

En France, pour les émigrés ivoiriens, les hommes sont 5 points de pourcentage en plus à occuper un emploi (63 %) que les femmes. Cet écart s'explique notamment par l'arrivée plus récente des femmes en France comme le montrent les données disponibles en 2017/2020. Comme décrit plus haut, le temps écoulé depuis l'arrivée dans le pays de destination facilite l'insertion sur le marché du travail. Le niveau d'éducation des émigrées ivoiriennes aussi inférieur à celui des hommes est un autre déterminant de cet écart en France.

Graphique 3.9. Taux d'emploi des émigrés selon le genre, le pays de naissance et le pays de destination dans les pays de l'OCDE, 2015/16 2017/19 et 2017/20

% de la population entre 15 et 64 ans

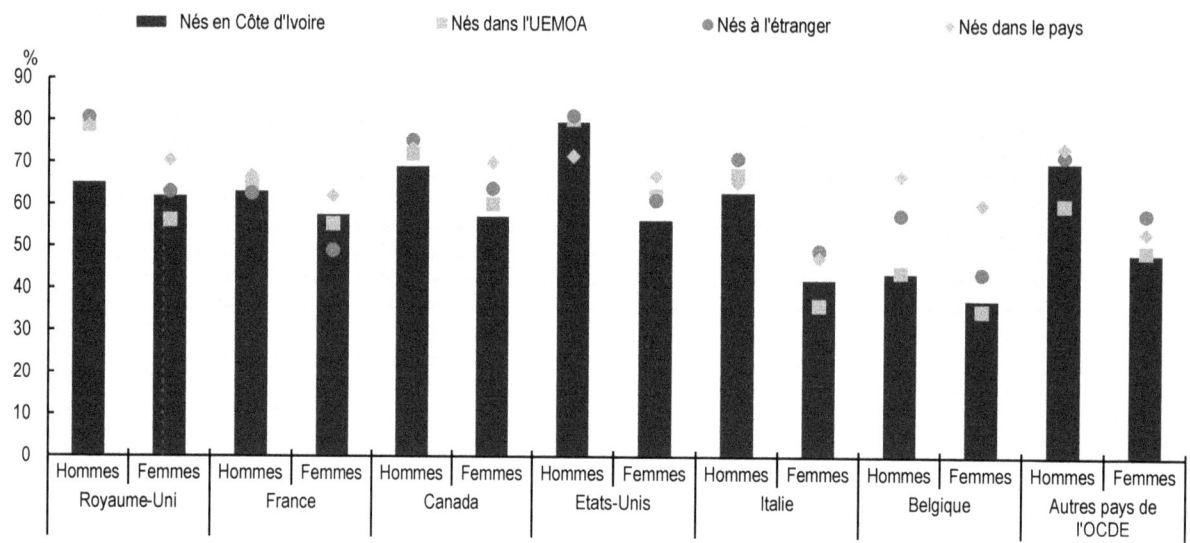

Source : Base de données sur les immigrés dans les pays de l'OCDE (DIOC) 2015/16.

En Italie et aux États-Unis, les disparités d'accès à l'emploi selon le genre sont les plus élevées en 2015/2016 ; elles dépassent les 20 points de pourcentage. Ces écarts sont cohérents avec les écarts observés pour les populations immigrées. Cependant, aux États-Unis, elles diffèrent substantiellement avec l'écart entre les taux d'emploi des femmes et des hommes autochtones (5 points de pourcentage de différence). Plusieurs facteurs peuvent expliquer ces niveaux de disparités. Aux États-Unis, les femmes émigrées ivoiriennes sont en moyenne moins éduquées que les hommes. En Italie, les femmes émigrées ivoiriennes ont aussi tendance à résider depuis moins longtemps dans le pays. En lien avec ce dernier résultat, elles ont aussi moins fréquemment (acquis) la nationalité italienne que les hommes ce qui joue en leur défaveur comme le montre le Tableau 3.1. Effectivement, les femmes émigrées ivoiriennes sont 66 % en emploi quand elles ont obtenu la nationalité italienne contre 40 % autrement. Un résultat observable aussi aux États-Unis et en France.

L'accès à l'emploi des émigrés ivoiriens s'améliore avec leur niveau d'éducation

Comme attendu, pour les émigrés ivoiriens comme pour l'ensemble de la population, l'employabilité des individus s'améliore avec leur niveau d'étude comme le montre le Graphique 3.10. Ainsi, 71 % des émigrés ivoiriens avec un niveau d'éducation élevé, c'est-à-dire qui ont atteint un enseignement supérieur, ont un emploi. Ce taux diminue de 10 points de pourcentage pour ceux ayant atteint un niveau intermédiaire (deuxième cycle de l'enseignement secondaire) et de 10 points de pourcentage supplémentaires pour ceux avec un niveau faible (premier cycle de l'enseignement secondaire ou moins). Ces taux sont restés très stables entre 2010 et 2015.

L'accès à l'emploi des émigrés ivoiriens selon le niveau d'éducation, s'il s'inscrit dans la moyenne des émigrés de l'UEMOA, diffère substantiellement des niveaux moyens observés pour les immigrés et les natifs. Tout d'abord, les immigrés s'étant arrêtés au collège ou avant s'insèrent mieux que les natifs à niveau d'étude égal. En 2015/16, 51.5 % des émigrés ivoiriens, 54.6 % des émigrés de l'UEMOA et 54.4 % de l'ensemble des immigrés dans les pays de l'OCDE avec un niveau d'éducation faible sont des actifs occupés contre 45 % des natifs. Ce dernier résultat ne devrait pas être étonnant, dans la mesure où le niveau d'étude minimum généralement atteint dans les pays de l'OCDE dépasse le premier cycle du secondaire. Ainsi, la grande majorité des individus sans emploi nés dans le pays et avec un niveau d'éducation faible sont inactifs plutôt qu'à la recherche d'un emploi.

Graphique 3.10. Taux d'emploi des émigrés selon le niveau d'étude atteint et le pays de naissance dans les pays de l'OCDE, 2015/16

% de la population entre 15 et 64 ans

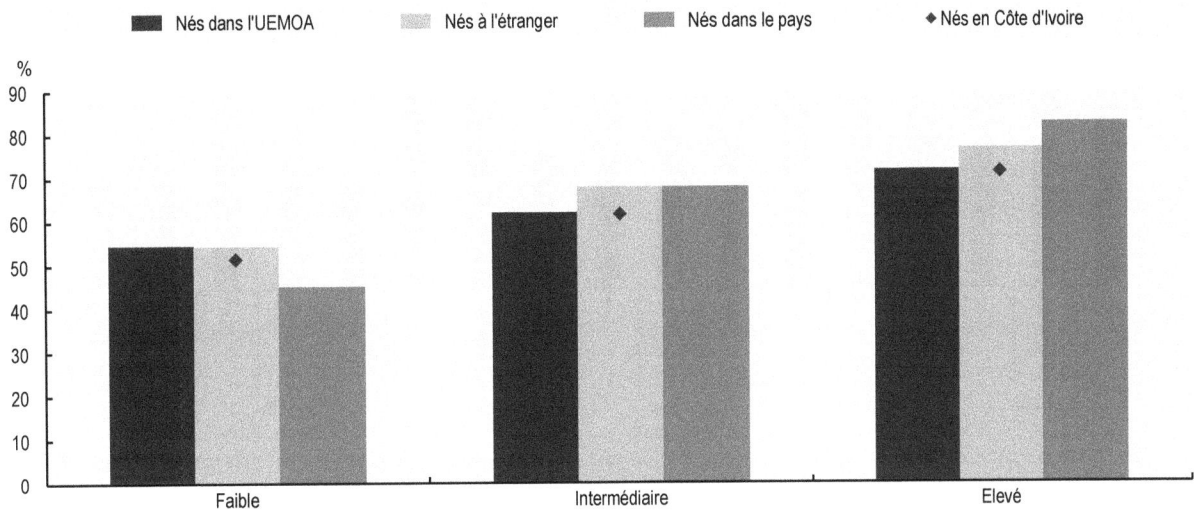

Note : Un niveau d'éducation faible correspond au mieux à un enseignement secondaire de premier cycle, un niveau moyen à un enseignement secondaire de deuxième cycle et un niveau élevé à un enseignement supérieur.
Source : Base de données sur les immigrés dans les pays de l'OCDE (DIOC) 2015/16.

Les écarts avec le taux d'emploi des immigrés et des natifs se creusent à mesure que le niveau d'étude augmente. Ainsi, les émigrés ivoiriens (et plus généralement les émigrés de l'UEMOA) ayant atteint un niveau équivalent au lycée sont moins fréquemment en emploi (-6 points de pourcentage) que les immigrés et les natifs des pays de l'OCDE dont le taux d'emploi est de 68 %. Bien que cet écart se maintient entre le taux d'emploi des émigrés ivoiriens avec le taux moyen des immigrés ayant suivi un niveau d'étude supérieur, il se creuse davantage avec les natifs dont le taux d'emploi atteint 83 % (+12 points de pourcentage).

Ainsi, malgré un accès à l'emploi d'autant plus facile que le niveau d'étude est élevé, les émigrés ivoiriens sont plus vulnérables sur le marché du travail que les autres à niveau d'étude égal. En effet, ils sont plus souvent au chômage. Les individus avec un niveau d'éducation faible sont près deux fois plus fréquemment au chômage que les immigrés en moyenne (26 % contre 14 % et 12 % des natifs) et trois fois plus fréquemment pour les émigrés ivoiriens avec un niveau d'étude moyen et supérieur (respectivement 21 et 15 % contre 9 et 6.5 % pour les immigrés et 8 et 4.5 % pour les natifs).

Ce constat se vérifie, en général, dans l'ensemble des principaux de pays de destination en 2015/2016 comme le met en évidence le Graphique 3.11. Aux États-Unis, il est intéressant de noter que hormis à niveau d'éducation faible, le taux d'emploi des émigrés ivoiriens est très proche de celui des immigrés et des natifs. Effectivement, avec un niveau d'éducation élevé, 80.5 % des émigrés ivoiriens occupent un emploi contre 83.2 % des natifs. En réalité, comme nous l'analysons plus bas, ce taux élevé d'emploi des émigrés ivoiriens ayant suivi un enseignement supérieur cache une inadéquation importante entre le poste occupé et leurs qualifications.

Graphique 3.11. Taux d'emploi des émigrés selon le niveau d'étude atteint, le pays de naissance et le pays de destination dans les pays de l'OCDE, 2015/16

% de la population entre 15 et 64 ans

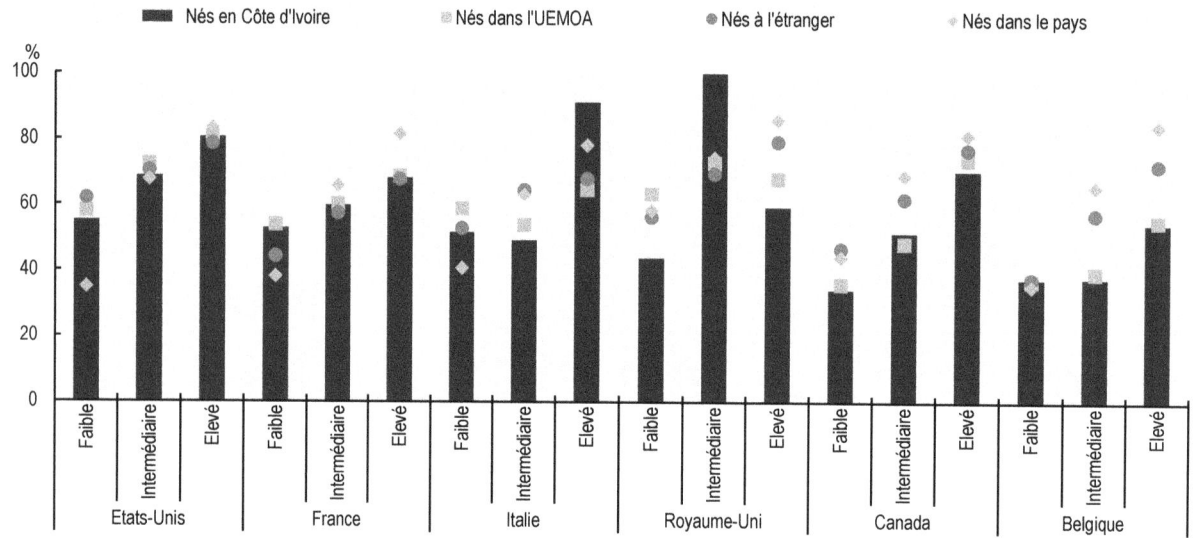

Note : Un niveau d'éducation faible correspond au mieux à un enseignement secondaire de premier cycle, un niveau intermédiaire à un enseignement secondaire de deuxième cycle et un niveau élevé à un enseignement supérieur.
Source : Base de données sur les immigrés dans les pays de l'OCDE (DIOC) 2015/16.

En Italie, les émigrés ivoiriens occupent un emploi dans des proportions similaires qu'ils aient suivi un enseignement secondaire de premier ou de second cycle bien que ces taux diffèrent davantage en 2017/2020. Cela s'explique notamment par le fait que les femmes émigrées ivoiriennes résidant en Italie sont surreprésentées parmi les émigrés ivoiriens avec un niveau d'éducation moyen. Comme analysé précédemment, les femmes en Italie souffrent d'un accès plus difficile au marché du travail que les hommes et ce quel que soit leur niveau d'éducation. Le taux d'emploi des émigrés ivoiriens avec un niveau d'étude supérieur est à interpréter avec précaution du fait de leur très faible effectif dans le pays.

En France, en 2015/2016, les émigrés ivoiriens avec un faible niveau d'éducation s'en sortent généralement mieux que les immigrés à niveau d'éducation égal dont le taux d'emploi est inférieur de 9 points de pourcentage (44 % de la population immigrée en âge de travailler est en emploi). Cet écart se réduit de 6 points de pourcentage pour ceux avec un niveau d'éducation intermédiaire. Le taux d'emploi des émigrés ivoiriens atteint 60 % contre 57 % des immigrés. L'écart entre le taux d'emploi des émigrés ivoiriens et celui moyen des immigrés devient quasiment nul quand ils ont suivi un enseignement supérieur. Cependant, il est largement inférieur au taux d'emploi des natifs avec un niveau d'éducation supérieur. Ces derniers sont 82 % à être en emploi contre 68 % des émigrés ivoiriens. Les émigrés ivoiriens à chaque niveau d'étude considéré ne sont plus souvent ni en emploi, ni en étude ni en stage que les natifs (10 points de pourcentage de plus à chaque niveau d'étude considéré).

Le taux d'emploi des émigrés ivoiriens les plus éduqués cache une inadéquation entre leur qualification et les emplois occupés

Si les émigrés ivoiriens diplômés du supérieur ont une probabilité plus élevée d'être en emploi que les autres émigrés ivoiriens, près de la moitié d'entre eux ont un emploi ne nécessitant pas un tel niveau d'éducation, comme le montre le Graphique 3.12. Dans les pays de l'OCDE, en 2015-16, 48 % des émigrés ivoiriens diplômés du supérieur occupent un emploi en inadéquation avec leurs qualifications, un taux supérieur à celui observé pour l'ensemble des émigrés des pays de l'UEMOA (44 %). Ce taux est également supérieur de plus de 10 et 20 points de pourcentage à celui prévalant respectivement pour les immigrés (35 %) et les natifs (28 %) des pays de l'OCDE.

> **Encadré 3.2. Déclassement : définition et mesure**
>
> Indicateur : On parle de déclassement lorsque le niveau d'éducation formel de l'individu est plus élevé que celui que requiert l'emploi qu'il occupe. Le taux de déclassement estimé ici est la part des personnes ayant un diplôme de l'enseignement supérieur et occupant un emploi peu ou moyennement qualifié. Le niveau d'étude est mesuré à partir de la Classification internationale type de l'éducation (CITE), les diplômés du supérieur étant classés dans les niveaux 5 et 6. Le niveau de qualification des emplois est mesuré à partir de la Classification internationale type des professions (CITP), une profession très qualifiée comprenant les CITP 1, 2 et 3.
>
> Chez les immigrés, le déclassement est supposé rendre compte du degré de transférabilité du capital humain d'un pays à l'autre. En effet, les diplômes et les compétences linguistiques acquises dans le pays d'origine ne sont pas toujours immédiatement transférables dans le pays d'accueil.
>
> Champ : Population en emploi de 15 à 64 ans ayant un haut niveau d'éducation (CITE 5-6), non compris les forces armées (CITP 0), dont le niveau de qualification de l'emploi n'est pas référencé.

Le déclassement des travailleurs nés en Côte d'Ivoire est très hétérogène selon les pays de destination. La langue officielle dans ces pays ne semble pas être un catalyseur du déclassement des individus nés en Côte d'Ivoire dont la langue officielle est le français. Par exemple, si les taux de déclassement sont élevés, ils sont significativement inférieurs relativement à la moyenne de l'OCDE au Canada, partiellement francophone, et au Royaume-Uni affectant respectivement 39 et 31 % des émigrés ivoiriens avec un diplôme du supérieur et en emploi. Dans ces derniers pays, il s'écarte moins des taux de déclassement des immigrés les plus éduqués situés entre 36 % et 37 % au Canada et 35 et 42 % au Royaume-Uni selon leur pays de naissance.

En France, le déclassement concerne 40 % des émigrés ivoiriens contre 34 % des émigrés de l'UEMOA et 31 % des immigrés en général. C'est près de 15 points de pourcentage de plus que pour les natifs dont le déclassement concerne 24 % des actifs occupés avec un niveau d'éducation supérieur. Les données disponibles sur la période 2017/2020 montrent que le fait d'avoir étudié en France ou à l'étranger est un facteur d'accès aux postes en adéquation avec le niveau d'étude atteint. Les émigrés ivoiriens ayant suivi leurs études supérieures en France (arrivés avant leur 18 ans) sont un quart à occuper un poste en inadéquation avec leurs qualifications. Ce taux de déclassement est inférieur à celui observé pour la moyenne des immigrés ayant faits leurs études en France (28 %). Ce taux double pour les émigrés ivoiriens arrivés en France après leurs études supérieures (arrivés après 25 ans) ; la moitié d'entre eux (52 %) occupe des fonctions qui demandent moins de qualifications qu'ils n'en ont. La spécialité d'étude n'est pas un déterminant du type de poste occupé en France.

Graphique 3.12. Taux de déclassement des émigrés selon le pays de naissance et le pays de destination dans les pays de l'OCDE, 2015/16

% de la population en emploi avec un niveau d'étude supérieur

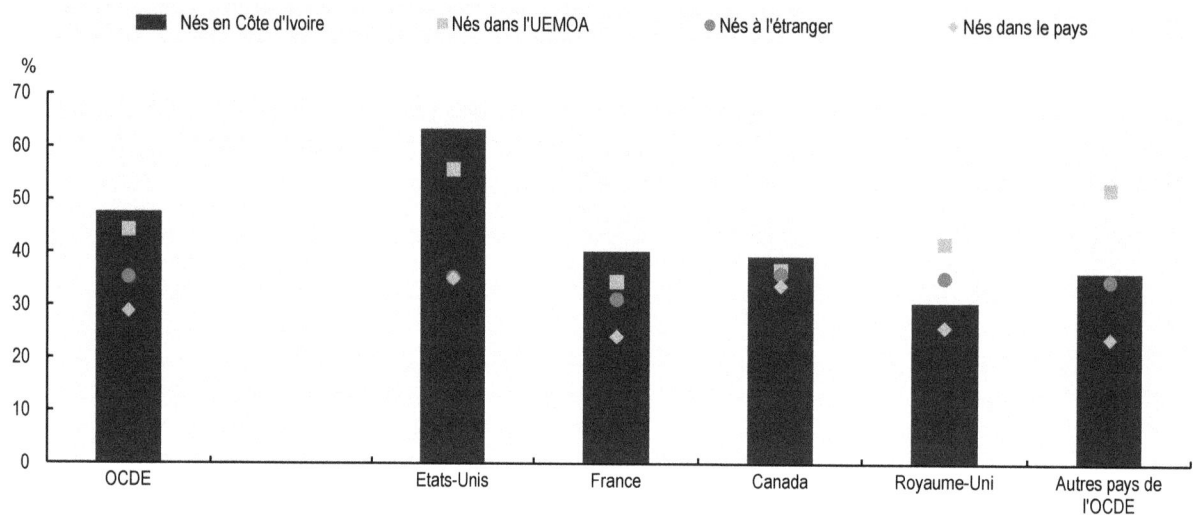

Note : Les données de Belgique et d'Italie ne sont pas présentées ici du fait des faibles effectifs d'émigrés ivoiriens en emploi avec un niveau d'étude supérieur.
Source : Base de données sur les immigrés dans les pays de l'OCDE (DIOC) 2015/16.

Aux États-Unis, parmi les diplômés du supérieur, le déclassement touche 35 % de l'ensemble des immigrés, 55 % des émigrés de l'UEMOA et 63 % des émigrés ivoiriens. Ce constat se vérifie avec les données les plus récentes disponibles pour les États-Unis (ACS, Census Bureau 2017/19) pour lesquelles le taux de déclassement des émigrés ivoiriens touche 51 % des plus éduqués en emploi, un taux similaire à celui de l'ensemble des émigrés de l'UEMOA. Le déclassement des émigrés ivoiriens s'explique au moins pour partie par le fait d'avoir suivi ses études supérieures aux États-Unis ou non. Les émigrés ivoiriens arrivés avant leurs 18 ans ne sont plus que 44 % à occuper des postes en inadéquation avec leurs qualifications, 41 % pour ceux arrivés entre 18 et 24 ans contre 57 % pour ceux arrivés après leurs 25 ans et donc ayant suivi leurs études supérieures en dehors des États-Unis. Il décroit aussi substantiellement après avoir passé plus de 10 ans sur le territoire américain (48 %) et surtout égalise le taux de déclassement des natifs quand ils ont résidé plus de 20 ans aux États-Unis. Cependant, avoir la nationalité américaine ne semble pas jouer significativement sur le déclassement des émigrés ivoiriens. Les femmes y sont aussi relativement davantage exposées puisque 53 % d'entre elles occupent un poste en inadéquation avec leurs qualifications contre 49 % des hommes.

La plus forte inadéquation des femmes entre le poste qu'elles occupent et leurs qualifications s'observe dans l'ensemble des pays de l'OCDE pour les immigrés. En revanche, elle touche en moyenne davantage les hommes que les femmes parmi les natifs. En France, le taux de déclassement des femmes émigrées ivoiriennes est 5 points de pourcentage supérieur à celui des hommes pendant la période 2017/2020.

Les émigrés ivoiriens sont surreprésentés dans les professions faiblement qualifiées

Cette inadéquation entre l'emploi et les qualifications des émigrés, particulièrement des émigrés ivoiriens dans les pays de l'OCDE, se matérialise par une surreprésentation des travailleurs immigrés dans les professions les moins qualifiées en 2015/2016. Comme le montre le , près d'un quart, soit 24 %, des actifs occupés nés en Côte d'Ivoire travaillent comme personnels des services directs aux particuliers ou comme commerçants dans les pays de l'OCDE contre 16 % des natifs. Dans ce type de poste, ils sont essentiellement dédiés aux soins personnels (37 %) et aux services de protection (25 %) et relativement moins dans les services à la personne et à la vente (respectivement 19.6 et 18.4 %). Cette distribution parmi les travailleurs émigrés ivoiriens comme personnels des services directs aux particuliers est très hétérogène selon le genre. Tout d'abord, ce sont essentiellement des femmes qui occupent ces emplois puisqu'elles sont 30 % à occuper un tel poste contre 19 % des hommes. De plus, parmi ce type de professions, les femmes se dédient essentiellement aux soins aux particuliers (57 % contre 5 % des hommes) quand les hommes travaillent en majorité dans des services de protection (59 % contre 2 % des femmes). Les postes occupés semblent ainsi très segmentés selon le genre.

22 % des émigrés ivoiriens en emploi dans les pays de l'OCDE occupent une profession élémentaire, demandant peu de qualifications. Cela reste inférieur à la moyenne des émigrés des pays de l'UEMOA dont 29 % a une profession élémentaire mais supérieur à la moyenne des immigrés dans les pays de l'OCDE (17 %) et des natifs (10 %). Les travailleuses émigrées ivoiriennes occupent trois fois sur dix une profession élémentaire contre 14 % des hommes. Au total, 15 % des émigrés ivoiriens sont aide ménagers correspondant à la première profession occupée par la diaspora ivoirienne dans les pays de l'OCDE contre seulement 2.6 % des natifs.

Suivent les professions intermédiaires et les professions intellectuelles demandant, toutes deux, un niveau de qualification élevé et qui occupent respectivement 13.5 et 12.3 % des émigrés ivoiriens soit deux et cinq points de pourcentage de moins que les natifs. Si la distribution homme-femme est plus équilibrée pour les professions intermédiaires, elle est davantage inégale pour les professions intellectuelles et scientifiques où on retrouve 10 % des femmes contre 15 % des hommes. 4.5 % des émigrés ivoiriens sont directeurs, cadres ou gérants. 30 % des émigrés ivoiriens occupent ainsi un poste hautement qualifié auxquels les femmes ont relativement moins accès (26 % contre 36 % des hommes).

Viennent ensuite les métiers qualifiés de l'industrie et de l'artisanat, les employés de type administratif et les opérateurs d'usine et assembleurs de machines (respectivement 8.3, 7.5 et 6.3 % des actifs occupés nés en Côte d'Ivoire). Les hommes sont relativement mieux représentés dans les premiers et derniers types de professions que les femmes.

Graphique 3.13. Professions des émigrés ivoiriens selon le genre dans les pays de l'OCDE, 2015/16

% de la population en emploi

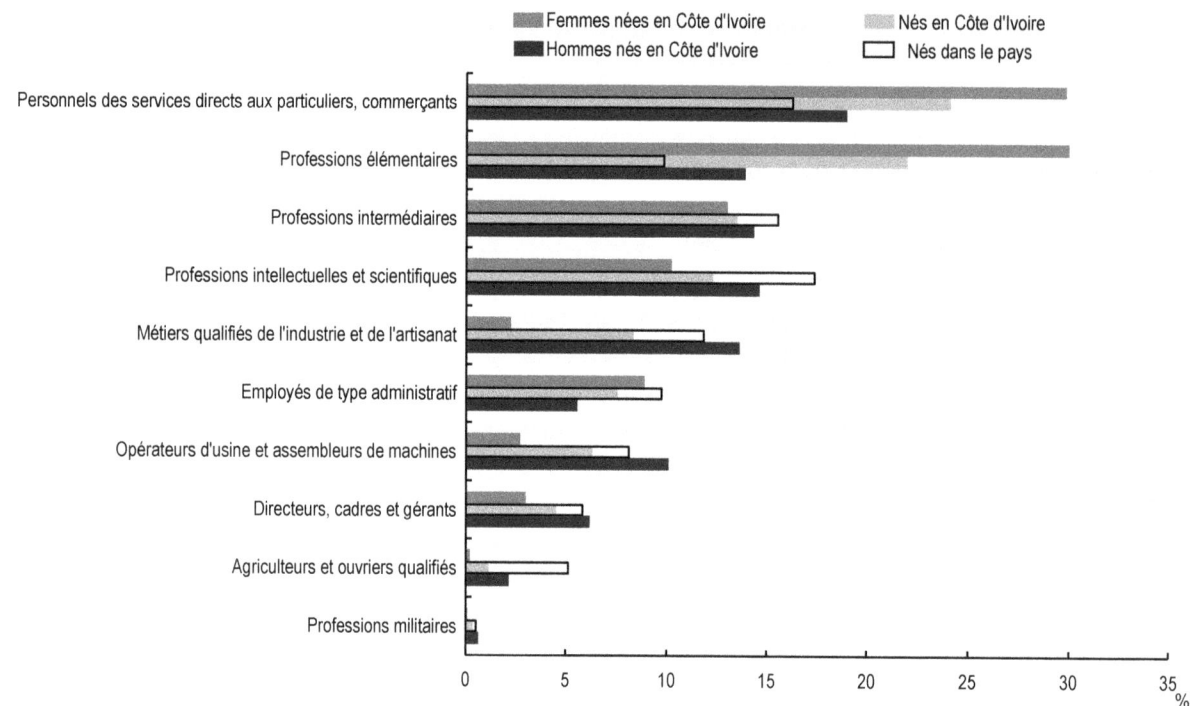

Note : Les États-Unis ne sont pas inclus dans les pays de destination du fait d'une classification différente des professions.
Source : Base de données sur les immigrés dans les pays de l'OCDE (DIOC) 2015/16.

Les professions des travailleurs émigrés ivoiriens diffèrent selon le pays de destination

Cette distribution est davantage contrastée selon les pays de destination, comme présenté dans le Graphique 3.14. C'est en Italie, au Royaume-Uni et en Belgique que les émigrés ivoiriens occupent le plus des professions qui demandent peu de qualifications : environ un tiers d'entre eux ont une profession élémentaire (37 % en Italie, 36 % au Royaume-Uni et 30 % en Belgique). En Italie, les émigrés ivoiriens sont plus de la moitié à occuper un poste de services aux particuliers ou une profession élémentaire, un constat qui se maintient sur la période la plus récente entre 2017 et 2020. Très peu accèdent à des professions intellectuelles ou scientifiques (8.7 % en 2015/16 et 5.2 en 2017/20).

Au Canada, en revanche, moins d'un cinquième des émigrés ivoiriens occupent un poste de services aux particuliers et 6 % une profession élémentaire. Plus de la moitié des émigrés ivoiriens occupent des postes hautement qualifiés, notamment, près d'un tiers des émigrés ivoiriens en emploi a une profession intellectuelle et scientifique. Ces derniers résultats peuvent s'expliquer en partie par les besoins de main d'œuvre et donc des politiques mises en place pour la migration de travail. Effectivement, le Canada est le pays de l'OCDE qui accueille le plus grand nombre d'immigrés qualifiés disposant d'un système d'immigration le plus élaboré pour ce faire (OCDE, 2019[3]).

Graphique 3.14. Professions des émigrés ivoiriens selon le pays de destination dans les pays de l'OCDE, 2015/16

% de la population en emploi

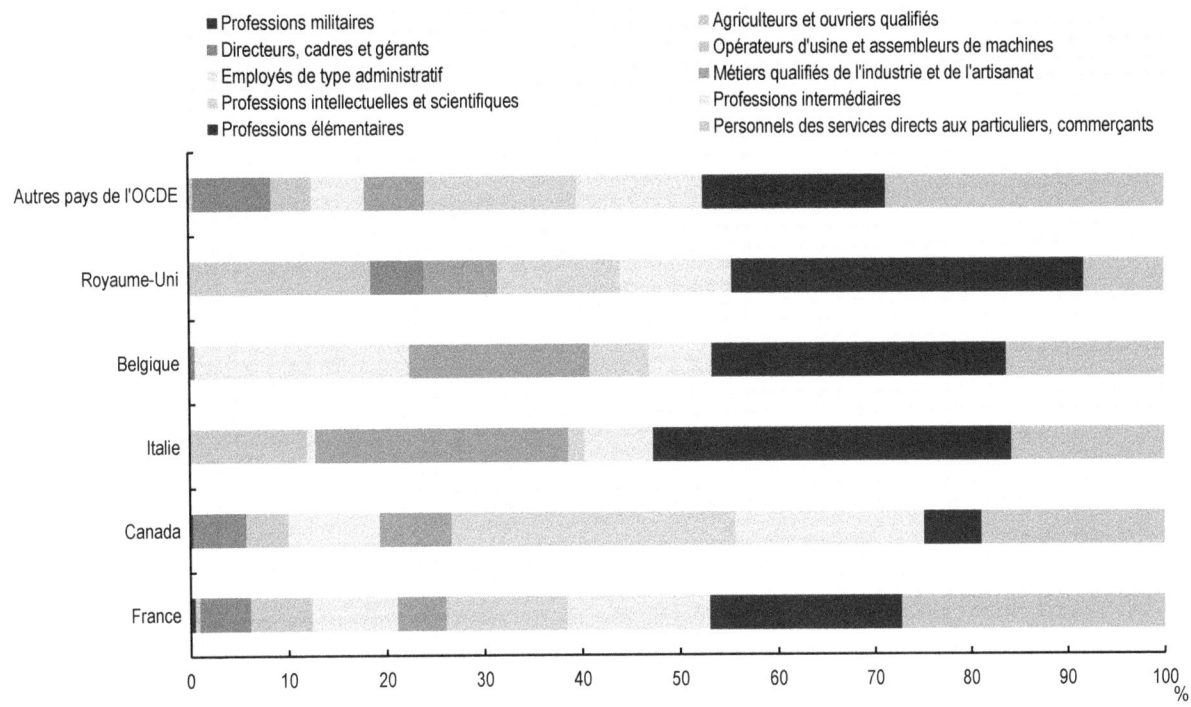

Note : Les États-Unis ne sont pas inclus dans les pays de destination du fait d'une classification différente des professions.
Source : Base de données sur les immigrés dans les pays de l'OCDE (DIOC) 2015/16.

En France, les émigrés ivoiriens occupent le plus des professions de services aux particuliers (28 %). Ils sont 20 % à avoir une profession élémentaire et 32 % à occuper un poste hautement qualifié. D'après les données les plus récentes, ils ont notamment plus souvent une profession intellectuelle ou scientifique que les émigrés de l'UEMOA. La majeure partie des émigrés ivoiriens avec un niveau d'éducation faible occupe une profession élémentaire (45 %) ou de services aux particuliers (34 %) alors qu'ils ne sont plus que 20 et 29 % avec un niveau d'éducation intermédiaire et 6 et 17 % avec un niveau d'éducation élevé comme le montre le Graphique 3.15.

L'acquisition de la nationalité française semble aussi jouer un rôle important dans l'obtention de postes hautement qualifiés pour les émigrés ivoiriens. Les individus avec la nationalité française de naissance sont 40 % à occuper ce type de poste. Ce taux diminue à 26 % pour ceux naturalisés et à 19 % pour ceux qui n'ont pas la nationalité française. Près de deux tiers de ces derniers (63 %) ont une profession élémentaire ou dans les services aux particuliers contre 50 % des naturalisés et moins d'un quart des émigrés ivoiriens français de naissance. Ce résultat ne se retrouve pas pour le temps écoulé sur le territoire français, la distribution par types de professions restant stable selon le temps écoulé depuis l'arrivée des émigrés ivoiriens.

L'emploi de la majorité des émigrés ivoiriens en France se fait sous la forme de contrat à durée indéterminée (CDI) comme c'est le cas pour les natifs. Cependant, ils restent davantage vulnérables que ces derniers dans la mesure où ils sont plus régulièrement en contrat à durée déterminée (14 %, soit 5 points de pourcentage de plus que les natifs) et surtout plus souvent intérimaires (7 % contre 2 % des natifs). Les hommes sont davantage exposés à de tels statuts plus vulnérables : ils sont 10 % à être intérimaires et 14 % indépendants (5 et 4 % pour les femmes).

Graphique 3.15. Professions des émigrés ivoiriens selon le niveau d'éducation et la nationalité en France, 2017/20

% de la population en emploi

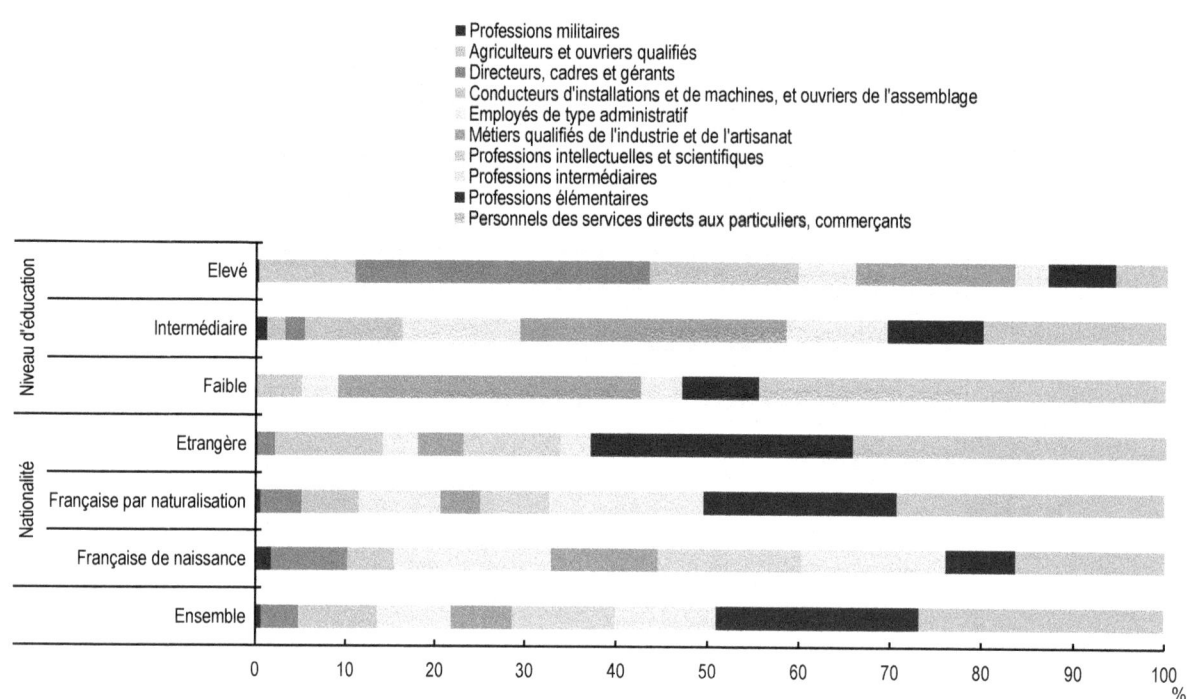

Source : Enquête emploi en continu (EEC) de l'Insee, 2017/20.

Aux États-Unis, les émigrés ivoiriens sont surreprésentés dans des types de professions relativement différents comme présenté dans le Graphique 3.16. Ils sont par exemple le plus nombreux dans les professions de transport et de la manutention où on retrouve 14 % des émigrés ivoiriens en emploi soit le double de la proportion des natifs américains actifs occupés. Les hommes y sont largement plus représentés que les femmes (23 % contre 3 % des femmes). L'essentiel des femmes occupent des postes en lien avec les soins de santé : 13.4 % des émigrées ivoiriennes ont une profession des services et des soins aux particuliers, 11.4 % sont des soutiens au personnel soignant et 9.2 % travaillent comme personnel soignant. Elles sont aussi plus d'une sur dix à travailler comme préparatrice alimentaire et commerciale.

L'emploi des émigrés ivoiriens est largement orienté vers les services en France et aux États-Unis

En France et aux États-Unis, sur la période 2017/2020 et 2017/2019, l'activité des émigrés ivoiriens est largement tournée vers les services comme le montre le Graphique 3.17. Dans les deux pays, la part des émigrés en emploi dans le secteur primaire et secondaire ne dépasse pas 10 % ; ils sont essentiellement concentrés dans l'industrie manufacturière et les industries extractives.

Graphique 3.16. Professions des émigrés ivoiriens selon le genre aux États-Unis, 2017/19

% de la population en emploi

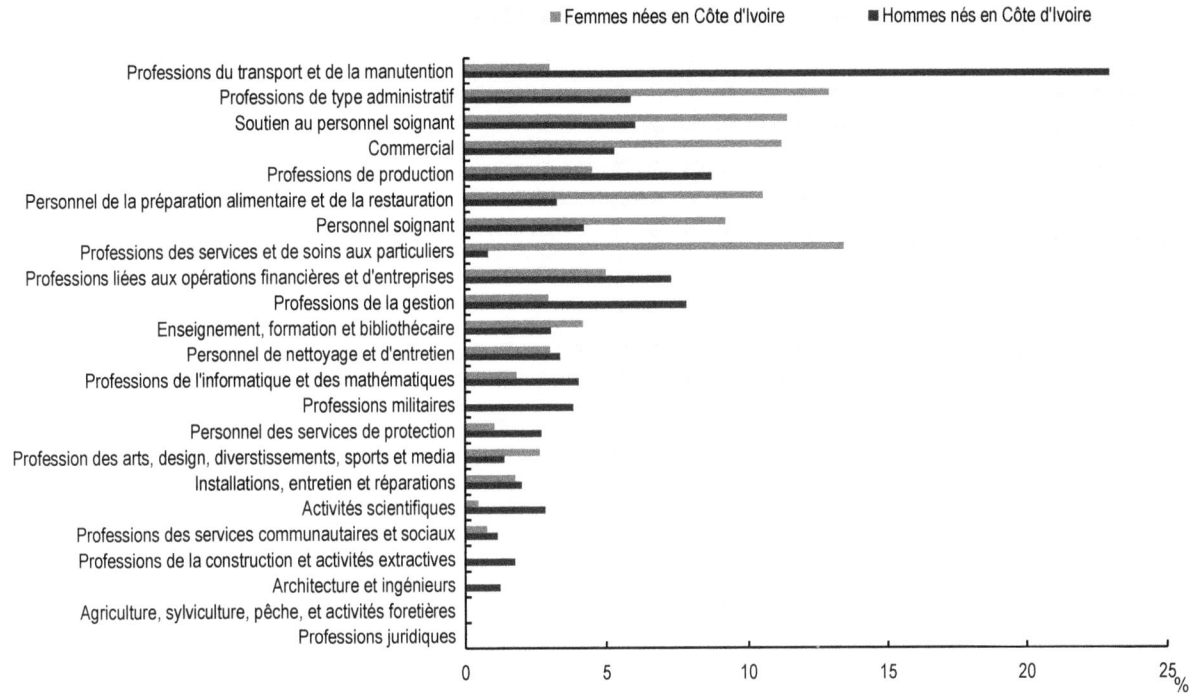

Source : *American community survey* du Census Bureau (ACS) 2017/19.

En France, les actifs occupés se partagent entre l'administration publique, l'enseignement, la santé et l'action sociale (27.4 %), le commerce, les transports, la restauration et l'hébergement (25.7 %) et les activités spécialisées, scientifiques et techniques et activités de services administratifs (24.8 %). Les femmes sont significativement plus fréquemment dans cette première branche (40 % contre 12 % des hommes) que dans les dernières (respectivement 22 et 19 % des femmes émigrées ivoiriennes en emploi). 78 % des émigrés ivoiriens en France travaillent dans le privé, 16 % dans le public et 6 % auprès de particuliers contre 69.5, 28 et 2.5 % respectivement pour les natifs.

Aux États-Unis, 43 % des émigrés ivoiriens sont dans l'administration publique, l'enseignement, la santé ou l'action sociale. En Italie, le constat est très différent dans la mesure où le premier secteur d'activité des émigrés ivoiriens est l'industrie manufacturière et extractive. 41 % d'entre eux travaillent dans cette branche d'activité. Ils sont 20 points de pourcentage plus souvent dans ce secteur que les natifs. Cependant, 53 % des émigrés ivoiriens sont dans le secteur des services notamment dans le commerce, les transports, l'hébergement et la restauration où 18 % d'entre eux occupent un emploi.

Graphique 3.17. Secteur d'activité des travailleurs émigrés ivoiriens en France, en Italie et aux États-Unis, 2017/20 et 2017/19

% de la population en emploi

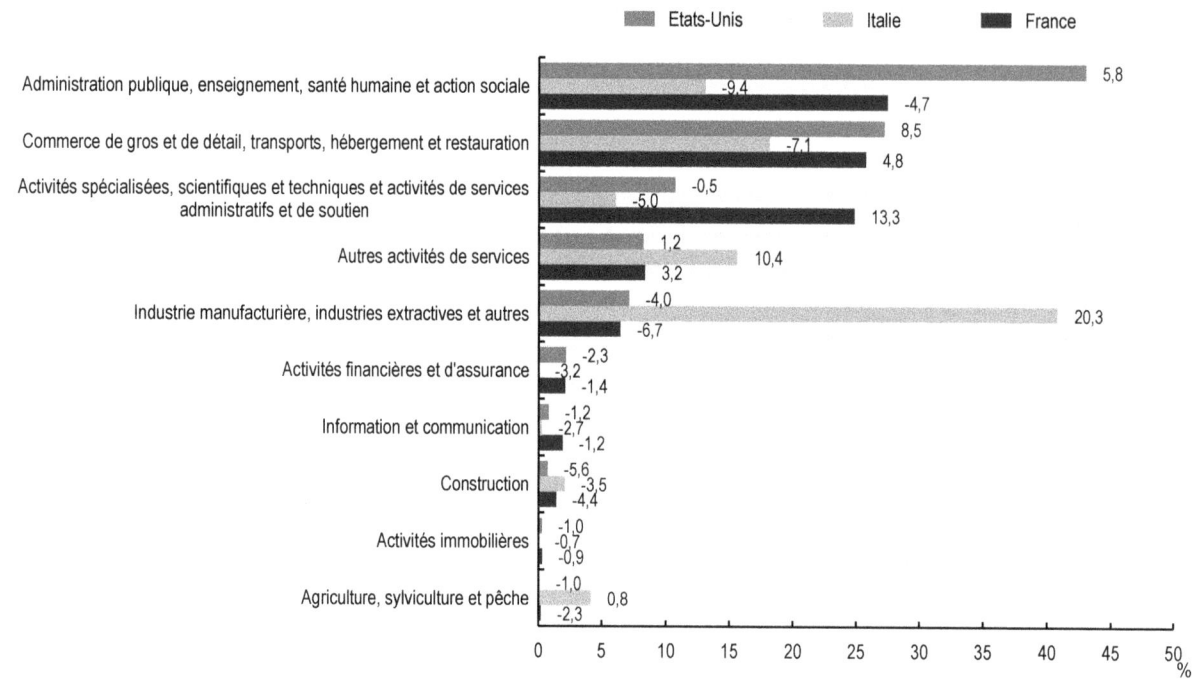

Note : Les labels dans le graphique représentent la différence avec la distribution sectorielle des actifs occupés nés dans le pays.
Sources : Enquête emploi en continu de l'Insee (EEC) 2017/20, *American community survey* du Census Bureau (ACS) 2017/19 et Enquête sur la main d'œuvre de l'Istat 2017/20.

Les descendants d'émigrés ivoiriens ne sont pas particulièrement pénalisés sur le marché du travail

Les individus nés d'au moins un parent émigré ivoirien en France sont encore relativement jeunes ; il est donc difficile de comparer leur intégration économique à celle de ceux dont les parents sont nés en France. En 2017/2020, parmi l'ensemble des personnes d'âge actif ayant au moins un parent né en Côte d'Ivoire, 58 % sont en emploi (voir Tableau 3.2), tandis que 37 % sont inactifs, avec peu de différences entre hommes et femmes. Cependant, en restreignant les descendants d'émigrés ivoiriens aux 25-64 ans, 75 % d'entre eux sont en emploi, soit un taux similaire à celui observé pour les descendants de natifs mais supérieur à celui des descendants d'au moins un parent immigré en France. L'écart entre hommes et femmes est toutefois plus important : 70 % des femmes sont en emploi contre 81 % des hommes.

Ce taux s'améliore avec leur niveau d'étude passant de 72 % avec un niveau d'éducation intermédiaire à 85 % avec un niveau d'éducation supérieur. Ces derniers occupent davantage des postes en adéquation avec leur niveau d'étude. Ils ne sont plus que 18.4 % à avoir un emploi en adéquation avec leurs qualifications quand les descendants de natifs sont 19 % (22 % pour les descendants d'immigrés).

Tableau 3.2. Taux d'emploi des descendants d'immigrés selon l'âge, le genre et le niveau d'éducation et taux de déclassement en France, 2017/20

% de la population entre 25 et 64 ans (et avec un niveau d'étude élevé pour le taux de déclassement)

	Taux d'emploi							Taux de déclassement
	Âge		Genre		Niveau d'éducation			
	15-64 ans	25-64 ans	Hommes	Femmes	Faible	Moyen	Élevé	
Au moins un parent émigré ivoirien	58.1	75.4	81.3	69.8	52.1	72.3	85.2	18.4
Au moins un parent immigré	58.1	71.0	74.6	67.7	53.7	69.6	82.6	22.1
Descendants de natifs	67.4	76.2	79.0	73.4	53.8	74.9	87.4	19.0

Source : Enquête emploi en continu de l'Insee (EEC) 2017/20.

Graphique 3.18. Professions selon le genre des individus nés d'au moins un parent émigré ivoirien en France, 2017/20

% de la population entre 15 et 64 ans en emploi

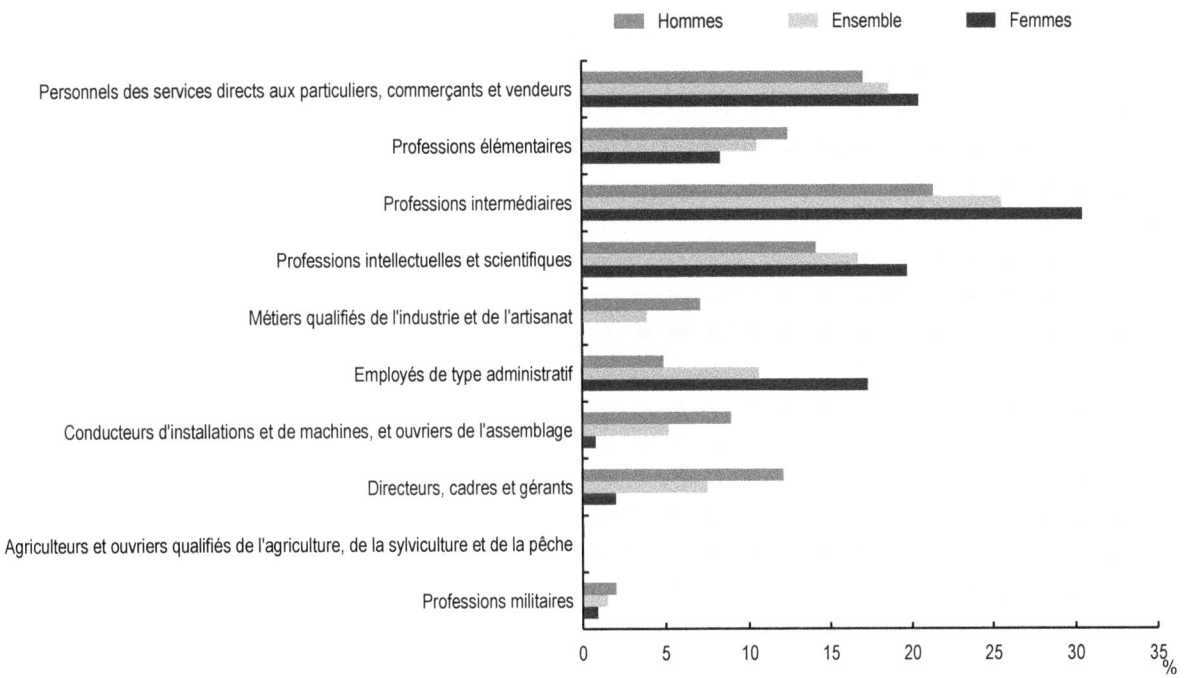

Source : Enquête emploi en continu de l'Insee (EEC) 2017/20.

Parmi les individus en emploi, ils sont mieux représentés dans les postes hautement qualifiés comme le montre le Graphique 3.18. Effectivement, la moitié de ceux ayant au moins un parent émigré ivoirien occupent un poste de directeur, cadre et gérant, une profession intellectuelle ou une profession intermédiaire. Si les femmes sont moins bien représentées à des postes de direction (2 % contre 12 % des hommes) elles sont plus nombreuses dans les professions intellectuelles ou scientifiques (30 % contre 21 % des hommes). Par ailleurs, ils ne sont plus que 10 % à occuper une profession élémentaire et 19 % à être personnel de services aux particuliers contre 22 et 27 % pour leurs ainés entre 2017 et 2020. Les hommes sont dorénavant davantage représentés dans les professions élémentaires que les femmes. De façon générale, ils sont près de 28 % à travailler dans le secteur public.

Conclusion

L'intégration sur le marché du travail de la diaspora ivoirienne est délicate dans les pays de l'OCDE. Les taux d'activité relativement élevés des émigrés ivoiriens dans ces pays cachent en réalité un taux de chômage plus élevé que celui observé pour l'ensemble des immigrés. Le niveau d'éducation, le lieu des études supérieures, la durée de séjour et l'acquisition de la nationalité sont autant de facteurs déterminant dans l'accès à l'emploi dans ces pays. Cette insertion est d'autant plus difficile pour les femmes nées en Côte d'Ivoire qui doivent ainsi faire face à un double défi, celui d'être une femme sur le marché du travail, d'une part, et celui d'être née à l'étranger, d'autre part. L'essentiel des travailleurs émigrés ivoiriens occupent des postes faiblement qualifiés déclassant une partie non négligeable de la main d'œuvre avec un niveau d'étude élevé. Ils se concentrent essentiellement dans le secteur des services. Leurs enfants nés dans le pays de destination semblent s'insérer de façon similaire que les descendants de natifs, comme c'est notamment le cas en France. Leur accès à l'emploi est ainsi le même que ces derniers mais ils restent plus vulnérables car ils sont plus souvent indépendants ou intérimaires.

Références

OCDE (2020), *Perspectives des migrations internationales 2020*, Éditions OCDE, Paris, https://dx.doi.org/10.1787/6b4c9dfc-fr. [2]

OCDE (2019), *Recruiting Immigrant Workers: Canada 2019*, Recruiting Immigrant Workers, OECD Publishing, Paris, https://dx.doi.org/10.1787/4abab00d-en. [3]

Ruggles, S. et al. (2021), *IPUMS USA: Version 11.0*, https://doi.org/10.18128/D010.V11.0. [1]

4 Aspects de l'intégration sociale des émigrés ivoiriens

Ce chapitre examine certaines dimensions de l'intégration sociale de la diaspora ivoirienne dans les principaux pays d'accueil de l'OCDE. Ce chapitre s'intéresse d'abord à leurs compétences en littératie et en numératie ainsi qu'à leur maîtrise de la langue du pays de destination. Il décrit ensuite les niveaux d'acquisition de la nationalité des pays de l'OCDE et les facteurs sociodémographiques qui la facilitent. L'acquisition de la nationalité des émigrés représente une étape décisive en faveur de leur intégration civique et politique. D'un autre côté, elle reflète leur volonté d'intégration.

En bref

Principaux résultats

- Les compétences des émigrés ivoiriens en littératie et numératie dans les pays de l'OCDE sont plus faibles que celles de l'ensemble des émigrés. Les femmes ivoiriennes obtiennent des scores plus élevés que les hommes en littératie mais moins élevés en numératie.

- Les émigrés ivoiriens résidant aux États-Unis ont une bonne maîtrise de la langue anglaise. Seuls 10 % d'entre eux rencontrent des difficultés avec l'anglais. Ce manque de maîtrise concerne particulièrement les émigrés arrivés récemment. En revanche, les élèves émigrés ivoiriens en Italie maitrisent moins bien l'italien que l'ensemble des élèves nés à l'étranger.

- Le nombre annuel d'acquisitions de la nationalité des pays de l'OCDE par les émigrés ivoiriens a augmenté entre 2000 et 2019, passant d'environ 1 800 à 7 200. Initialement dominées par les naturalisations françaises des Ivoiriens, les acquisitions reflètent dorénavant davantage la diversification récente des flux d'émigration vers les États-Unis, le Canada ou l'Italie.

- 45 % des émigrés ivoiriens dans les pays de l'OCDE ont la nationalité de leurs pays d'accueil, une proportion inférieure à celle de l'ensemble des immigrés dans l'OCDE (50 %) mais supérieure à celle des émigrés de l'UEMOA (40 %).

- La part d'émigrés ivoiriens ayant acquis la nationalité du pays de destination varie significativement selon le pays. Elle est relativement faible en Italie (15 %) et élevée au Royaume-Uni (61 %) et en France (50 %). Ces différences s'expliquent notamment par les législations en la matière et le caractère plus ou moins récent de l'immigration ivoirienne dans ces pays.

- La proportion d'émigrés ivoiriens ayant acquis la nationalité française augmente fortement au-delà de dix ans de séjour en France (+26 points de pourcentage) et au-delà de cinq ans de séjour aux États-Unis (+37 points de pourcentage).

- Les émigrés ivoiriens acquièrent plus souvent la nationalité française et américaine que l'ensemble des immigrés présents en France et aux États-Unis, et ce quelle que soit leur durée de séjour.

- Le niveau d'éducation des émigrés ivoiriens facilite grandement l'acquisition de la nationalité et cela d'autant plus que le temps passé dans le pays de destination est long.

L'intégration sociale des émigrés dans les pays d'accueil joue un rôle prépondérant dans leur intégration économique (voir Chapitre 3), leur sentiment d'appartenance et leur bien-être (voir Encadré 4.1). L'intégration sociale des immigrés se matérialise par exemple par leur niveau d'accès aux services et institutions de base dont ceux de santé que la pandémie de SARS-CoV-19 a récemment mis en lumière (voir Encadré 4.2).

Encadré 4.1. Sentiment d'appartenance et bien-être des émigrés ivoiriens

Les émigrés ivoiriens partagent un sentiment de bien-être mitigé

Le sentiment d'appartenance des émigrés à leur société d'accueil, leur sentiment de satisfaction dans leur vie et leur volonté de rester dans le pays, ainsi que leur degré d'interaction avec les personnes natives sont autant d'indicateurs influant en amont et en aval de leur intégration sociale. L'enquête mondiale Gallup (voir Annexe A) permet de recueillir des données sur le sentiment de satisfaction dans la vie des émigrés ivoiriens résidant principalement dans les pays d'Afrique de l'Ouest (notamment au Burkina Faso et le Mali) entre 2009 et 2021. Près de 80 % des répondants considèrent que leur pays de résidence actuel est un bon endroit pour vivre pour les immigrés. Cette appréciation est légèrement supérieure à celle faite par l'ensemble des émigrés de l'UEMOA (76 %). Concernant le sentiment général de satisfaction dans la vie mesuré sur une échelle allant de 0 à 10 (10 étant le plus positif, 0 le plus négatif), le niveau moyen de satisfaction des émigrés ivoiriens est de 4.6 sur 10. 28 % des émigrés ivoiriens affirment être satisfaits de leur vie à 6 sur 10 ou plus. 48 % d'entre eux se disent peu satisfaits voire insatisfaits dans leur vie (0 à 4 sur 10) contre seulement 29 % parmi les émigrés de l'UEMOA. En revanche, la majorité des émigrés ivoiriens (67 %) comme des émigrés de l'UEMOA (70 %) affirment être satisfaits de la liberté qu'ils ont de mener leur vie dans leur pays d'accueil.

En Italie, d'après l'enquête *Intégration scolaire et sociale des immigrés de deuxième génération* réalisée en 2015, seuls 15 % des élèves de collèges et lycées nés en Côte d'Ivoire souhaitaient continuer à vivre en Italie dans le futur alors que c'était le cas pour près de 30 % de l'ensemble des élèves nés à l'étranger. De plus, les élèves originaires de Côte d'Ivoire affirment moins bien s'entendre avec leurs camarades italiens que l'ensemble des élèves nés à l'étranger.

L'intégration sociale des enfants d'immigrés dans le pays d'accueil de leurs parents est un autre indicateur de la réussite de l'intégration de ces derniers, de la mesure dans laquelle peuvent perdurer les difficultés auxquelles les personnes originaires de l'étranger font face. Ainsi, en Italie en 2015, 80 % des enfants d'au moins un parent émigré ivoirien préféreraient vivre à l'étranger plutôt qu'en Italie dans le futur. Cette part est encore plus élevée parmi les élèves dont les deux parents sont nés en Côte d'Ivoire (86 %). Elle est aussi plus élevée chez les filles nées de deux parents ivoiriens (93 %). À titre de comparaison, 60 % de l'ensemble des descendants d'immigrés indiquent souhaiter quitter l'Italie plus tard.

Encadré 4.2. Surmortalité des émigrés ivoiriens dans le contexte de l'épidémie de COVID-19 en France

L'épidémie de COVID-19 a eu un impact particulièrement important en termes de mortalité sur certains groupes d'immigrés dans les pays de l'OCDE (OCDE, 2020[1]). En Belgique, par exemple, l'analyse des données de décès pour la période de mars à mi-mai 2020 (première vague du COVID-19 en Europe) révèle une surmortalité particulièrement élevée touchant les hommes originaires d'Afrique sub-saharienne par rapport à la même période de l'année 2019 (Vanthomme et al., 2021[2]). Dans le cas de la France, entre 2019 et 2020, les décès des personnes nées à l'étranger ont augmenté deux fois plus (+17 %) que ceux des personnes nées en France (+8 %), avec une surmortalité particulièrement forte pour les natifs d'Afrique sub-saharienne (+36 %). Ce différentiel de surmortalité a été accentué lors de la période de mars à avril 2020 (Papon et Robert-Bobée, 2021[3]).

Une analyse plus détaillée des données de mortalité en France en 2019 et 2020 permet de distinguer le cas des émigrés ivoiriens durant la première année de l'épidémie (Graphique 4.1). Globalement, en 2019, un peu plus de 350 personnes nées en Côte d'Ivoire sont décédées en France (dont 58 % d'hommes et 45 % de personnes âgées de 60 ans et plus). En 2020, plus de 510 personnes nées en Côte d'Ivoire sont décédées en France (dont 64 % d'hommes et 52 % de 60 ans et plus). Cela représente un accroissement de 43 % des décès (contre +8 % pour les personnes nées en France et +17 % pour l'ensemble des immigrés). Cette augmentation a davantage touché les hommes (+59 % contre +22 % pour les femmes) et les personnes âgées de 60 ans et plus (+64 %, contre +26 % pour les moins de 60 ans). Par rapport aux émigrés maliens et sénégalais, pour lesquels on retrouve des évolutions globalement similaires, les émigrés ivoiriens ont connu en 2020 un différentiel de surmortalité particulièrement important entre hommes et femmes.

Graphique 4.1. Évolution du nombre de décès enregistrés en France entre 2019 et 2020, selon le pays de naissance des personnes décédées et le genre

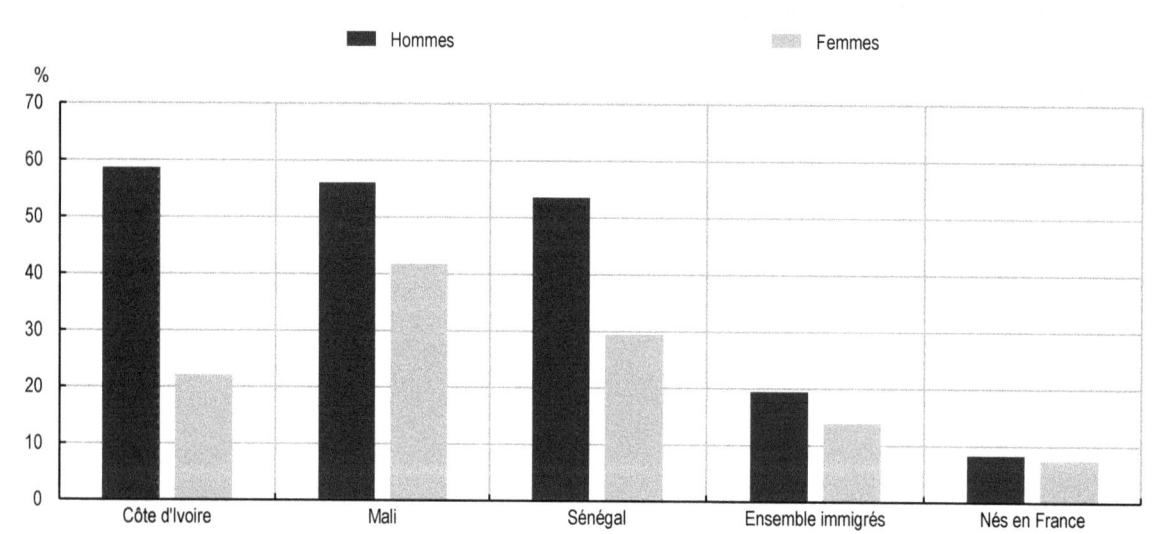

Source : Insee, statistiques de l'état civil.

Compétences et pratique de la langue des pays de destination

Au-delà du niveau général d'éducation des émigrés ivoiriens, leurs compétences en littératie, en numératie et leur maîtrise de la langue du pays de destination sont des facteurs primordiaux de leur intégration sociale, en plus d'être des déterminants de leur insertion sur le marché du travail (OCDE/Union européenne, 2019[4]). Ces compétences permettent de participer à la vie économique et sociale de la société d'accueil et facilite l'accès à l'information, aux services publics, aux institutions et leur permet donc de faire valoir les droits auxquels ils peuvent prétendre. Cette section examine ainsi les compétences des émigrés ivoiriens dans les pays de l'OCDE, ainsi que leur niveau de maîtrise de la langue du pays de destination, relativement aux autres émigrés et aux natifs.

Les émigrés ivoiriens ont moins de maîtrise en littératie et numératie que l'ensemble des immigrés des pays de l'OCDE

Selon les données du Programme pour l'évaluation internationale des compétences des adultes de 2012 (PIAAC, voir Encadré 4.2), le niveau des émigrés ivoiriens entre 16 et 65 ans dans les pays de l'OCDE en littératie et numératie était significativement inférieur à celui de l'ensemble des immigrés et de la population née dans les pays de l'OCDE. Comme le montre le Graphique 4.2, les scores moyens en littératie et en numératie des émigrés ivoiriens étaient inférieurs de 69 points à la moyenne des personnes nées dans les pays de l'OCDE, et d'au moins 40 points aux scores moyens de l'ensemble des immigrés. Les scores des émigrés de l'UEMOA sont relativement similaires aux scores obtenus par les émigrés ivoiriens.

Parmi les émigrés ivoiriens dans les pays de l'OCDE, les femmes semblaient avoir davantage de compétences en littératie aux hommes (scores supérieurs de 15 points), tandis que les hommes avaient obtenu de meilleurs scores que les femmes en numératie. Ainsi, en littératie, les scores des femmes nées en Côte d'Ivoire étaient plus proches des natives de l'OCDE que l'étaient ceux de leurs homologues masculins. À titre de comparaison, les scores des immigrés et des natifs entre les femmes et les hommes étaient similaires en littératie, et supérieurs pour les hommes en numératie.

Graphique 4.2. Scores de littératie et numératie des 16 ans et plus selon le pays de naissance dans les pays de l'OCDE, 2012

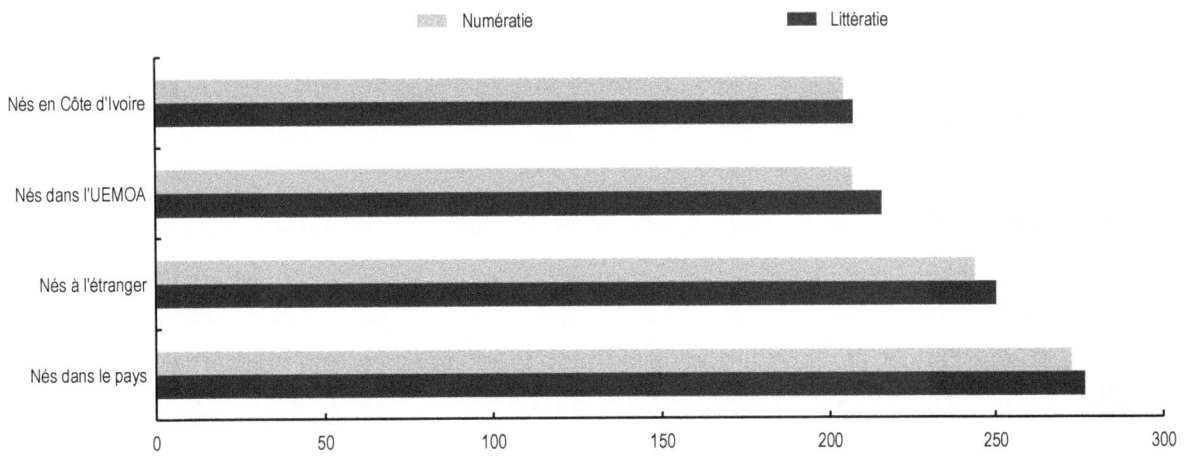

Note : La population participant aux exercices de littératie et numératie est âgée entre 16 et 65 ans.
Source : Évaluation des compétences des adultes de l'OCDE (PIAAC), 2012.

> **Encadré 4.3. L'Enquête PIAAC et l'évaluation des compétences**
>
> **Programme international de l'OCDE pour l'évaluation des compétences des adultes (PIAAC)**
>
> Le Programme International de l'OCDE pour l'évaluation des compétences des adultes (PIAAC) est une étude internationale dont le but est d'évaluer les compétences des individus en âge de 16 à 65 ans (OCDE, 2012[5]). Ces derniers répondent à des exercices visant à mesurer leur niveau de compétences de bases nécessaires à la participation à la vie sociale et économique des pays de l'OCDE. Les compétences testées comprennent la lecture, l'écriture, le calcul et la résolution de problèmes dans un environnement à forte composante technologique. En complément, un questionnaire porte sur la manière dont les adultes utilisent leurs compétences à la maison et au travail. En 2011/12, l'enquête a été menée simultanément dans 24 pays, dont la plupart sont membres de l'OCDE. En Belgique, seule la Flandre est couverte, et au Royaume-Uni, uniquement l'Angleterre et l'Irlande du Nord. Sa mise en œuvre a été confiée à sept instituts de recherche et les échantillons comptaient 5 000 personnes dans la plupart des pays participants. Il convient toutefois de noter que les données peuvent comporter des marges d'erreur non négligeables en raison de la faible taille du sous-échantillon des émigrés ivoiriens.
>
> **La littératie**
>
> La littératie est la capacité à comprendre et à utiliser l'information contenue dans des textes écrits dans divers contextes pour atteindre des objectifs et pour développer des connaissances et des aptitudes. Il s'agit d'une exigence de base pour développer des compétences de plus haut niveau et pour atteindre des résultats positifs en termes économiques et sociaux. Des études antérieures ont montré que la compréhension de l'écrit est étroitement liée à des résultats satisfaisants dans le cadre du travail, à la participation sociale, et à l'apprentissage tout au long de la vie. Contrairement aux évaluations précédentes de la littératie, celle-ci évalue la capacité des adultes à lire des textes numériques (par exemple des textes contenant de l'hypertexte et des fonctions de navigation, telles que le défilement ou en cliquant sur des liens) ainsi que des textes imprimés traditionnels.
>
> **La numératie**
>
> La numératie est la capacité à utiliser, appliquer, interpréter et communiquer des informations et des idées mathématiques. Il s'agit d'une compétence essentielle à une époque où les individus rencontrent, de plus en plus souvent, un large éventail d'informations quantitatives et mathématiques dans leur vie quotidienne. La numératie est une compétence parallèle à la compréhension de l'écrit, et il est important d'évaluer comment ces compétences interagissent car elles sont réparties différemment selon les sous-groupes de la population.

Aux États-Unis, 10 % des émigrés ivoiriens déclarent avoir des difficultés en anglais

La maîtrise de la langue du pays de destination est une autre dimension essentielle pour l'intégration économique et sociale des immigrés. Cela facilite l'intégration sur le marché du travail local, l'accès à l'information et leur permet de connaître et faire valoir leurs droits comme celui à la naturalisation. Cependant, parler la langue du pays de destination est souvent une des raisons du choix du pays de destination et généralement une condition à l'obtention d'un titre de séjour notamment quand elle se fait dans le cadre d'une installation pour raisons professionnelles. Ainsi, il est relativement peu étonnant que les émigrés parlent couramment la langue du pays de destination et cela d'autant plus qu'ils y résident depuis longtemps. De ce fait, aux États-Unis, la majorité des émigrés ivoiriens déclare parler couramment anglais : 90 % d'entre eux parlent bien, très bien voire uniquement anglais sur la période la plus récente. Seuls 10 % déclarent peu parler voire ne pas parler du tout anglais. Ce constat vaut aussi bien pour les femmes que pour les hommes nés en Côte d'Ivoire. Toutefois, ils parlent généralement en français au sein de leur ménage (70 %). Comme présenté dans le Graphique 4.3, les émigrés de l'UEMOA maîtrisent tout aussi bien l'anglais que les émigrés ivoiriens mais dans leur ensemble, les immigrés parlent moins bien anglais que les individus nés en Côte d'Ivoire. Effectivement, 24 % des immigrés aux États-Unis déclarent ne parler que peu voire pas du tout parler anglais. Les émigrés ivoiriens déclarent ainsi parler couramment anglais plus fréquemment que l'ensemble des immigrés (+10 points de pourcentage). Cela peut s'expliquer notamment par le fait que la communauté ivoirienne reste petite en taille aux États-Unis et donc il est d'autant plus nécessaire pour s'intégrer de parler la langue quand d'autres communautés non anglophones peuvent bénéficier d'un réseau bien plus grand. Ces différences sont toutefois à interpréter avec précaution car les résultats sont basés sur une perception personnelle des niveaux d'anglais et peuvent ainsi varier d'un individu ou groupe d'individus à un autre.

Graphique 4.3. Maîtrise de l'anglais des émigrés ivoiriens aux États-Unis, 2017/19

% de la population de 5 ans ou plus

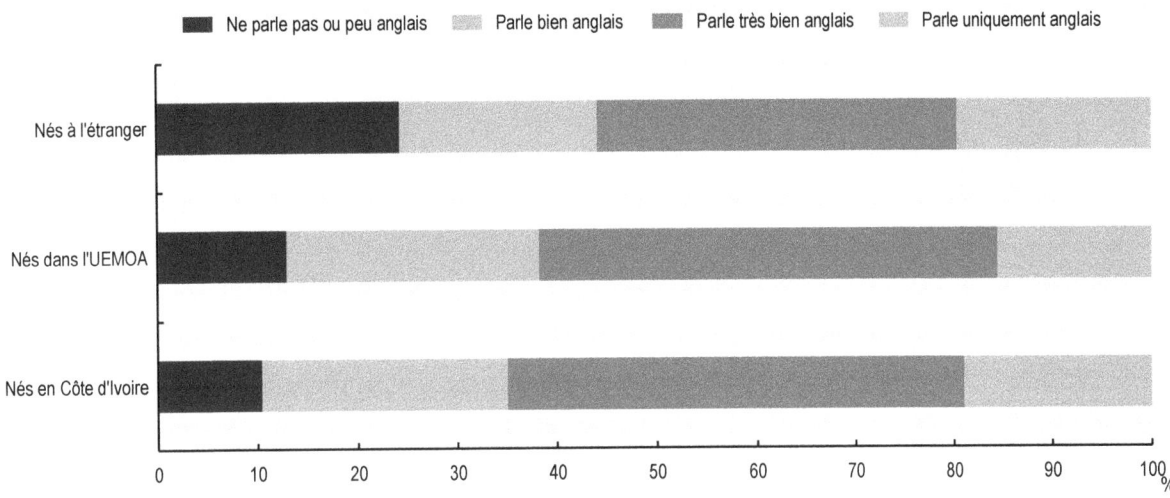

Note : La catégorie « Nés dans l'UEMOA » inclut tous les individus nés dans les pays membres de l'UEMOA ainsi que ceux nés en Mauritanie faute d'informations disponibles.
Source : *American Community Survey* du *Census Bureau* (ACS) 2017/2019.

Comme noté plus haut et présenté dans le Graphique 4.4, la pratique de la langue des immigrés s'améliore à mesure que le temps passé dans le pays de destination augmente. Plus d'un émigré ivoirien sur cinq arrivé aux États-Unis il y a moins de cinq ans ne parle peu ou pas anglais (22 %). La moitié d'entre eux parle très bien ou uniquement l'anglais. La maîtrise de l'anglais parmi les émigrés ivoiriens arrivés récemment est en moyenne meilleure que celle de l'ensemble des immigrés résidant aux États-Unis ; 30 % de ces derniers indiquent ne parler que peu voire pas du tout anglais. Cette différence se creuse parmi les émigrés présents depuis plus longtemps. En effet, la proportion d'émigrés ivoiriens parlant anglais augmente significativement jusqu'à concerner neuf individus sur dix après dix ans de résidence aux États-Unis alors que cette part pour l'ensemble des individus nés à l'étranger n'augmente que marginalement (73 %).

En Italie, l'enquête *Intégration scolaire et sociale des immigrés de deuxième génération* réalisée en 2015 auprès des élèves de collège et de lycée montre que les élèves nés en Côte d'Ivoire ont une moins bonne maîtrise de l'italien que les autres élèves nés à l'étranger. En effet, seulement 33 % des élèves nés en Côte d'Ivoire déclarent parler très bien italien contre 54 % de l'ensemble des élèves nés à l'étranger. Concernant le niveau de lecture et d'écriture, on retrouve des différences similaires : 32 % des élèves ivoiriens indiquent savoir très bien lire l'italien et 29 % d'entre eux très bien l'écrire contre respectivement 52 % et 43 % parmi l'ensemble des élèves nés à l'étranger.

Graphique 4.4. Maîtrise de l'anglais des émigrés ivoiriens selon la durée de séjour aux États-Unis, 2017/19

% de la population de 5 ans ou plus

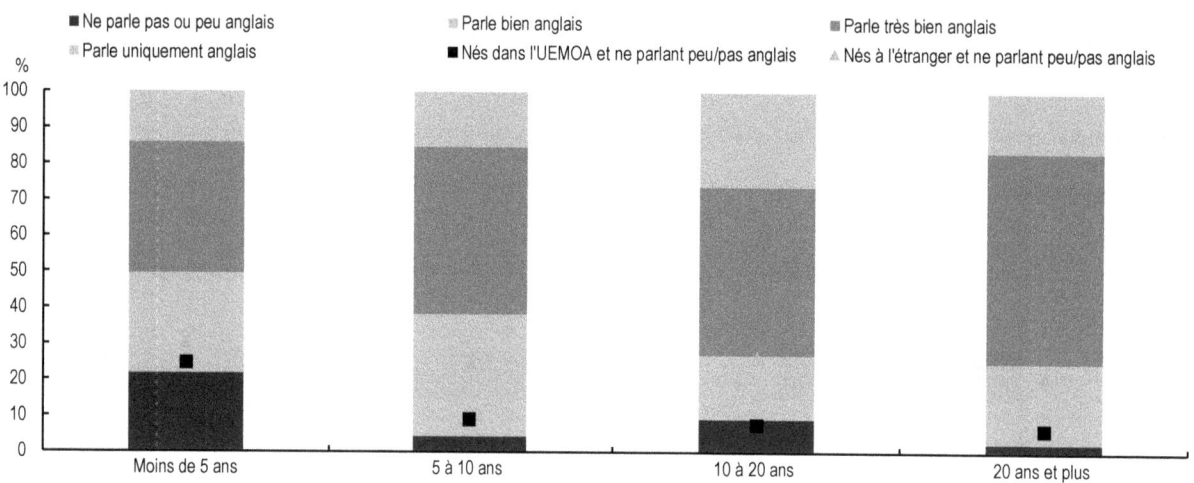

Note : La catégorie « Nés dans l'UEMOA » inclut tous les individus nés dans les pays membres de l'UEMOA ainsi que ceux nés en Mauritanie faute d'informations disponibles.
Source : *American Community Survey* du *Census Bureau* (ACS) 2017/2019.

En France, premier pays de destination de l'OCDE des émigrés ivoiriens, il est entendu que le français ne constitue qu'une barrière limitée à l'intégration des individus nés en Côte d'Ivoire, dont la langue officielle est le français. Bien que ce ne soit pas la langue la plus parlée en Côte d'Ivoire, les Ivoiriens bénéficient d'un avantage de ce point de vue relativement aux immigrés venus de pays non francophones. Cela va de même pour les autres pays francophones de l'OCDE.

Acquisition de la nationalité des émigrés ivoiriens dans les pays de l'OCDE

L'acquisition de la nationalité est un déterminant de l'intégration civique et donc de l'intégration sociale dans la mesure où elle permet aux immigrés de participer aux décisions politiques notamment au travers du vote et ainsi bénéficier des mêmes droits que l'ensemble des citoyens (OCDE/Union européenne, 2019[4]). La démarche de demander la nationalité du pays de destination traduit aussi une volonté des émigrés de faire davantage porter leur voix dans la vie citoyenne et politique de la société d'accueil. Les modalités d'obtention de la nationalité diffèrent selon les pays. Un des critères primordiaux d'acquisition de la nationalité est la durée de séjour des immigrés dans le pays d'accueil. Dans le cas de la France, premier pays de destination des émigrés ivoiriens dans l'OCDE, pour les personnes nées à l'étranger et dont aucun parent n'est français, la nationalité peut être obtenue par déclaration[1] ou par naturalisation. La déclaration de nationalité concerne principalement les conjoints de Français, toujours sous condition de durée de résidence en France, entre autres. La naturalisation concerne les étrangers résidant en France depuis au moins cinq ans, sous condition notamment d'une connaissance suffisante de la langue française et d'une bonne insertion professionnelle.

La majorité des émigrés ivoiriens n'ont pas la nationalité du pays d'accueil dans l'OCDE

Entre 2000 et 2019, le nombre annuel d'acquisitions de la nationalité des pays de l'OCDE par les émigrés ivoiriens a presque quadruplé, passant d'environ 1900 acquisitions en 2000 à 7 200 en 2019, selon la *Base de données de l'OCDE sur les migrations internationales* (voir Annexe A). Comme le montre le Graphique 4.5, au cours de cette période, la grande majorité des acquisitions de nationalité par les émigrés ivoiriens ont eu lieu en France. Cependant, la part des acquisitions de la nationalité française par les émigrés ivoiriens a significativement diminué depuis les années 2000. Alors que 75 % des acquisitions de nationalité étaient françaises en 2000, elles ne représentent plus que 41 % en 2019. Cela reflète la diversification des pays d'immigration des Ivoiriens dans l'OCDE.

Jusqu'en 2013, les États-Unis et le Royaume-Uni étaient les deux pays délivrant le plus souvent la nationalité aux émigrés ivoiriens après la France, suivis par le Canada et l'Italie. Les acquisitions de la nationalité américaine représentaient en 2000 10 % des acquisitions de nationalité par les émigrés ivoiriens. Cette part est restée relativement stable depuis 2000 (14 % des acquisitions de la nationalité en 2019), le nombre des acquisitions de la nationalité américaine ayant augmenté de façon régulière au cours de la période 2000-19. Les acquisitions de la nationalité canadienne ont augmenté beaucoup plus rapidement à partir de 2014 puis de nouveau à partir de 2017, tandis que les acquisitions de nationalité italienne ont fortement augmenté entre 2013 et 2017, avant de revenir à un niveau plus modeste ces dernières années.

Graphique 4.5. Acquisitions annuelles de la nationalité des principaux pays de destination de l'OCDE des émigrés ivoiriens, 2000/2019

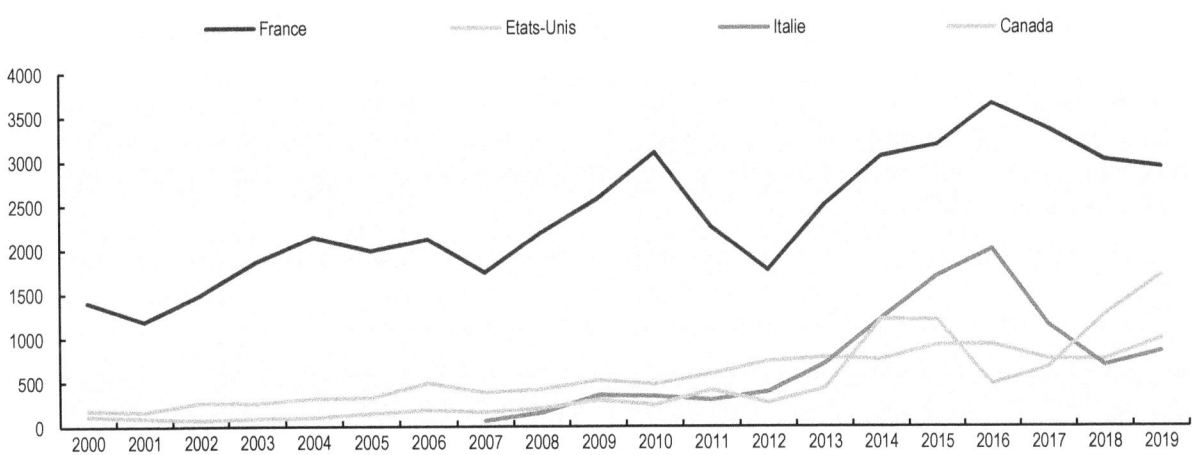

Source : Base de données sur les migrations internationales de l'OCDE, 2020.

45 % des émigrés ivoiriens résidant dans les pays de l'OCDE avaient la nationalité du pays de destination en 2015/2016. Les émigrés ivoiriens acquéraient plus souvent la nationalité des pays de destination que l'ensemble des émigrés de l'UEMOA, parmi lesquels 40 % ont obtenu la nationalité du pays (voir Graphique 4.6). Ainsi, les émigrés ivoiriens se plaçaient devant les émigrés maliens et sénégalais détenant le moins la nationalité de leur pays d'accueil (respectivement 33 % et 35 %) mais derrière les émigrés en provenance du Bénin et du Togo (respectivement 54 % et 60 %).

Graphique 4.6. Émigrés de l'UEMOA ayant la nationalité du pays de l'OCDE de destination selon le pays de naissance, 2015/16

% de la population

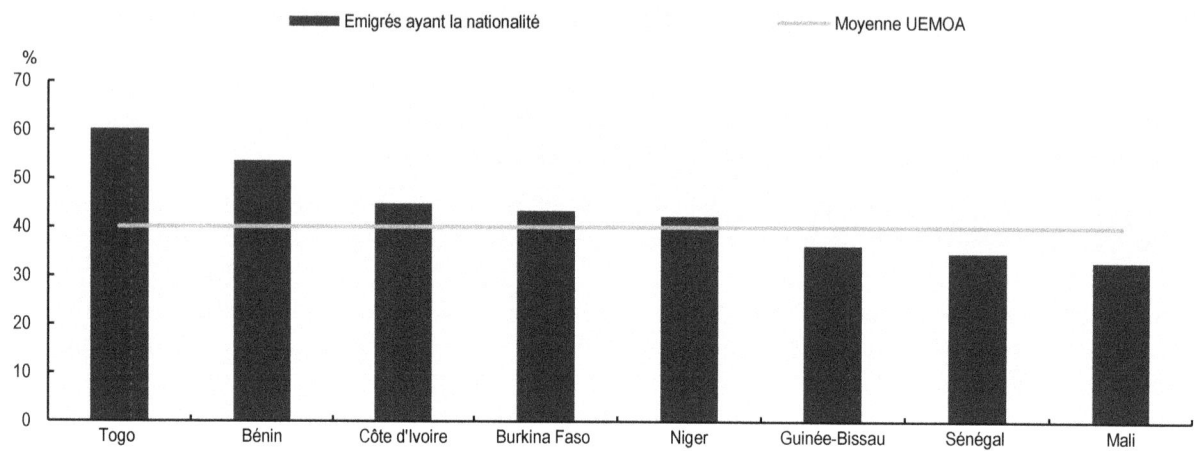

Source : Base de données sur les immigrés dans les pays de l'OCDE (DIOC) 2015/16.

La proportion d'émigrés ivoiriens détenant la nationalité de leur pays d'accueil est très hétérogène selon les pays, comme le met en évidence le Graphique 4.7. Parmi les principaux pays de destination de l'OCDE, en 2015/2016, les émigrés ivoiriens avaient le plus souvent la nationalité au Royaume-Uni : 61 % d'entre eux l'avaient obtenue. À la même période, cette part était de 41 % au Canada et 42 % en Belgique. Si dans ce dernier pays, la part d'émigrés ivoiriens avec la nationalité était similaire à celle de l'ensemble des émigrés, elle était très inférieure aux niveaux observés pour l'ensemble des émigrés résidant au Canada. Effectivement, 70 % des individus nés à l'étranger ont la nationalité canadienne soit près de 30 points de pourcentage de plus que pour les émigrés ivoiriens. Cela pourrait notamment s'expliquer par l'arrivée plus récente des Ivoiriens au Canada.

En France (2018/2019) et aux États-Unis (2017/2019), selon les données les plus récemment disponibles, près de la moitié des émigrés ivoiriens ont la nationalité. En Italie, seuls 15 % des émigrés ivoiriens ont la nationalité en 2017/2020 d'après les données de l'enquête emploi italienne.

Les différences de proportion d'émigrés ivoiriens ayant la nationalité des différents pays de destination au sein de l'OCDE s'expliquent notamment par les différences de législations nationales concernant l'obtention de la nationalité et par la prévalence d'immigrés disposant déjà de la nationalité. Effectivement, dans de nombreux pays, des émigrés ivoiriens ont obtenu la nationalité du pays de destination à la naissance du fait que leurs parents aient eux-mêmes la nationalité de ce même pays. C'est le cas notamment en France où environ 40 % des émigrés ivoiriens sont nés français et donc 60 % sont devenus français par acquisition. Aux États-Unis, parmi les citoyens américains nés en Côte d'Ivoire, la proportion de ceux nés avec la nationalité n'est que de 18 %. Cette proportion est seulement de 4 % dans le cas du Canada.

Un autre facteur explicatif des différences entre pays est le caractère plus ou moins récent de l'immigration. En effet, si la durée de séjour est très souvent un des critères pour être naturalisé, les pays d'accueil ont des seuils plus ou moins contraignants. Par exemple, la naturalisation en Italie nécessite, en plus d'autres critères, d'avoir résidé de manière continue au moins dix ans dans le pays (en dehors des acquisitions par mariage, descendance ou naissance). En revanche, aux États-Unis, au Canada ou en France, cette durée minimale est de cinq ans, rendant la citoyenneté relativement plus accessible.

Pour la France, la proportion relativement plus élevée d'émigrés ivoiriens ayant la nationalité française peut également s'expliquer par le fait que la France offre un accès particulier à la nationalité aux immigrés originaires d'un pays dont le français est la langue officielle (Migration Policy Group/France Terre d'Asile, 2013[6]).

Graphique 4.7. Émigrés ivoiriens ayant la nationalité des principaux pays de destination de l'OCDE, 2015/16

% de la population

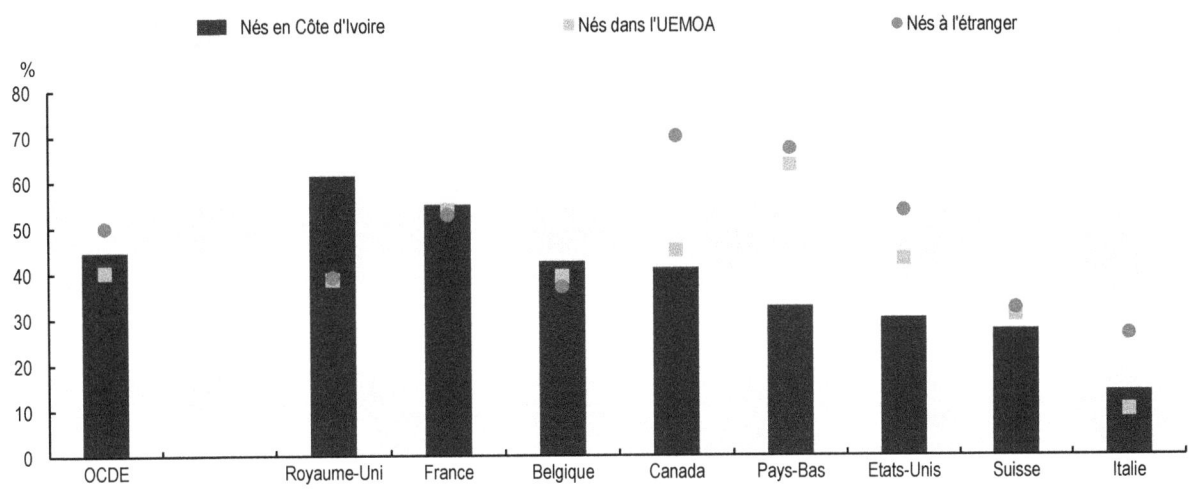

Source : Base de données sur les immigrés dans les pays de l'OCDE (DIOC) 2015/16.

À durée de séjour égale, les émigrés ivoiriens acquièrent plus souvent la nationalité française ou américaine que les autres émigrés

La quasi-majorité des émigrés ivoiriens (46 %) acquièrent la nationalité française quand ils ont passé entre dix et 20 ans sur le territoire français (Graphique 4.8). Cela correspond à une augmentation de 26 points de pourcentage par rapport aux émigrés ivoiriens résidant en France depuis cinq à dix ans. De façon semblable, 45 % des Ivoiriens aux États-Unis depuis cinq-dix ans ont acquis la nationalité, soit 37 points de pourcentage de plus que ceux arrivés il y a moins de cinq ans. En Italie, cette proportion n'augmente significativement que lorsque les émigrés ivoiriens sont présents depuis plus de 20 ans dans le pays et ne dépasse pas le tiers des résidents italiens nés en Côte d'Ivoire. Cela suggère donc que les émigrés ivoiriens attendent moins longtemps avant d'obtenir la nationalité aux États-Unis qu'en France ou en Italie. Sur le très long terme, près de 70 % des émigrés ivoiriens installés en France et plus de 80 % des émigrés ivoiriens présents États-Unis ont acquis la nationalité de leur pays d'accueil.

Les émigrés ivoiriens acquièrent plus souvent la nationalité française et américaine que l'ensemble des immigrés présents en France et aux États-Unis et ce, quelle que soit leur durée de séjour. Le constat est différent en ce qui concerne les émigrés ivoiriens en Italie. La part des émigrés ivoiriens ayant acquis la nationalité italienne est proche de celle de l'ensemble des immigrés lorsque leur durée de séjour est inférieure à 20 ans. Toutefois parmi les personnes installées en Italie depuis plus de 20 ans, la part des immigrés ayant acquis la nationalité est supérieure d'environ 30 points de pourcentage à la part des émigrés ivoiriens détenant la citoyenneté italienne. La prévalence des émigrés ivoiriens avec la nationalité française, américaine ou italienne est relativement similaire à celle des émigrés de l'UEMOA.

Graphique 4.8. Émigrés ivoiriens ayant acquis la nationalité française, américaine et italienne selon la durée de séjour, 2017/19 et 2017/20

% de la population

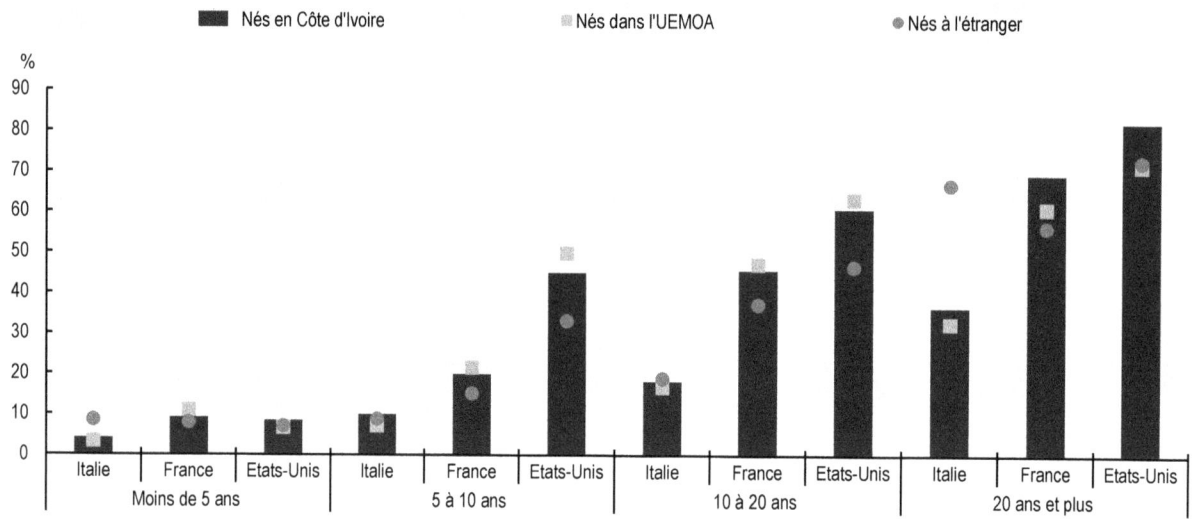

1 : La catégorie « Nés dans l'UEMOA » pour les États-Unis inclut tous les individus nés dans les pays membres de l'UEMOA ainsi que ceux nés en Mauritanie faute d'informations disponibles.
2 : Les personnes nées à l'étranger ayant acquis la nationalité par naissance ne sont pas incluses dans l'analyse.
Sources : Recensement de la population en France de l'Insee (RP) 2018/2019, *American Community Survey* du Census Bureau (ACS) 2017/2019 et Enquête sur la main d'œuvre de l'Istat 2017/2020.

Les femmes et les émigrés ivoiriens hautement éduqués acquièrent plus souvent la nationalité en France et aux États-Unis

L'accès à la nationalité du pays destination par les émigrés ivoiriens varie aussi selon leurs caractéristiques sociodémographiques. Les femmes nées en Côte d'Ivoire semblent acquérir plus fréquemment la nationalité française ou américaine. Aux États-Unis, elles sont 51 % à avoir la nationalité américaine en 2017/2019 contre 44 % de leurs homologues masculins. Dans une moindre mesure, en France, les émigrées ivoiriennes ont aussi plus souvent acquis la nationalité française que les hommes (+3 points de pourcentage). Ce dernier résultat se maintient en contrôlant pour le temps passé France. La plus grande prévalence de l'acquisition de la nationalité chez les femmes pourrait notamment s'expliquer par le fait que les femmes ivoiriennes émigrent plus souvent pour des raisons familiales (voir Chapitre 1) venant ainsi rejoindre un conjoint déjà citoyen du pays de destination ou ayant des chances de le devenir.

Le niveau d'éducation des émigrés est un autre facteur déterminant de l'acquisition à la nationalité du pays d'accueil. Comme noté plus haut, au-delà des contraintes liées à la durée de résidence, les procédures d'acquisition de la nationalité par les émigrés requièrent un niveau seuil de connaissance de la langue, de la culture, de l'histoire, des institutions, des procédures administratives du pays d'accueil, ainsi que de ressources financières, généralement associés à un niveau d'éducation intermédiaire voire supérieur. En France, les émigrés ivoiriens diplômés du supérieur acquièrent plus souvent la nationalité que les émigrés ivoiriens faiblement éduqués : 50 % des émigrés ivoiriens avec un niveau d'éducation supérieur ont acquis la nationalité française. C'est 20 points de pourcentage de plus que les émigrés ivoiriens faiblement éduqués en 2018/2019. Comme le montre le Graphique 4.9, si la proportion d'émigrés ivoiriens ayant acquis la nationalité française augmente à mesure que le temps passé depuis l'arrivée dans le pays de destination s'allonge, elle augmente d'autant plus que le niveau d'éducation des émigrés ivoiriens est élevé. Ainsi, pour les individus résidant en France depuis plus de dix ans, plus de la moitié des émigrés ivoiriens avec un niveau d'éducation élevé ont acquis la nationalité (55 %). Ce taux diminue de 8 points de pourcentage pour les individus avec un niveau d'étude intermédiaire et de près de 20 points de pourcentage pour ceux avec un niveau faible. Ces écarts sont encore plus prononcés aux États-Unis où 69 % des émigrés ivoiriens ayant suivi des études supérieures ont acquis la nationalité américaine après dix ans de résidence contre 58 et 34 % pour les émigrés ivoiriens avec un niveau d'étude intermédiaire ou faible respectivement. Au-delà de 20 ans de séjour en France et aux États-Unis, quatre émigrés sur cinq avec un niveau d'éducation supérieur ont obtenu la nationalité du pays. Ce taux reste relativement stable pour les émigrés ivoiriens avec un niveau d'éducation faible en comparaison à ceux installés entre dix et 20 ans aux États-Unis. En France, les émigrés ivoiriens avec un niveau d'éducation faible sont 58 % à avoir acquis la nationalité. En revanche, pour les émigrés arrivés il y a dix ans ou moins, le niveau d'éducation ne détermine pas l'acquisition de la nationalité aussi bien en France qu'aux États-Unis.

Graphique 4.9. Émigrés ivoiriens ayant acquis la nationalité française et américaine selon la durée de séjour et le niveau d'éducation, 2017/19

% de la population

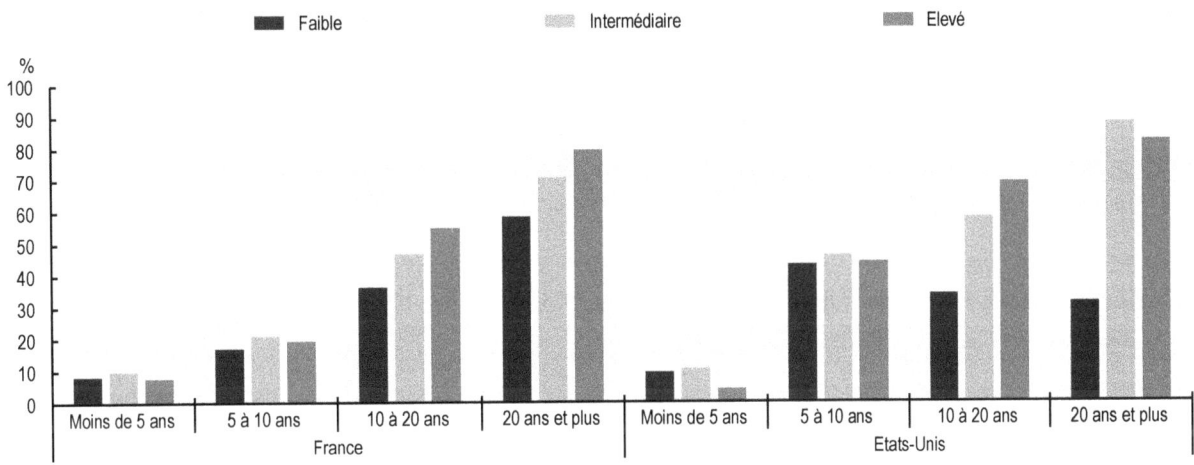

Note : Les données n'incluent pas les personnes nées en Côte d'Ivoire et françaises ou américaines de naissance. Les données pour la France concernent les années 2018/ 2019.
Source : Recensement de la Population en France de l'Insee (RP) 2018/2019 et *American Community Survey* du *Census Bureau* (ACS) 2017/2019.

Bien que les émigrés faiblement éduqués obtiennent moins souvent la nationalité française que les émigrés possédant un niveau d'éducation élevé, ils sont tout de même plus susceptibles de l'obtenir à mesure que leur durée de séjour en France s'allonge contrairement aux États-Unis. Dans ce dernier pays, le niveau faible d'éducation des émigrés semble représenter une barrière à l'obtention de la citoyenneté américaine et ce quel que soit le temps passé sur le territoire. Cela pourrait notamment s'expliquer par les coûts associés à une demande de naturalisation dans le pays que les individus faiblement qualifiés seraient moins en mesure de financer.

Conclusion

L'intégration sociale des émigrés ivoiriens est relativement hétérogène cachant des inégalités notables selon leurs caractéristiques sociodémographiques mais aussi selon le pays de destination. De façon générale, les émigrés ivoiriens réussissent moins bien aux évaluations de compétences en littératie et numératie que les émigrés d'autres pays résidant dans les pays de l'OCDE. Cela se matérialise notamment par une moins bonne maîtrise des langues des pays non francophones, notamment l'italien. Cependant, dans les pays anglo-saxons, et particulièrement aux États-Unis, les émigrés ivoiriens semblent avoir une bonne maîtrise de l'anglais. Cette intégration passe aussi par l'acquisition de la nationalité du pays d'accueil, constituant, entre autres, une étape nécessaire à la participation électorale. Ainsi, le nombre de naturalisations d'émigrés ivoiriens a sensiblement augmenté depuis le début des années 2000 parallèlement à l'augmentation des flux d'émigrés ivoiriens. Avec la diversification des flux d'émigration, elles ne concernent plus quasi-exclusivement les naturalisations en France. L'acquisition de la nationalité dépend de plusieurs facteurs, le plus évident étant le temps passé depuis l'arrivée dans le pays de destination. Le niveau d'éducation des émigrés facilite aussi l'acquisition de la nationalité. Par exemple, aux États-Unis, le nombre de naturalisations des individus nés en Côte d'Ivoire ayant suivi au mieux un enseignement secondaire de premier cycle reste relativement faible et constant à mesure que leur durée de séjour augmente contrairement aux autres émigrés ivoiriens. Les femmes obtiennent généralement plus souvent la nationalité que les hommes en France et aux États-Unis.

Références

Migration Policy Group/France Terre d'Asile (2013), *L'accès à la nationalité et son impact sur l'intégration des immigrés. Manuel pour la France*, Migration Policy Group. [6]

OCDE (2020), *What is the impact of the COVID-19 pandemic on immigrants and their children?*, Éditions OCDE, Paris, https://doi.org/10.1787/e7cbb7de-en. [1]

OCDE (2012), *Literacy, Numeracy and Problem Solving in Technology-Rich Environments: Framework for the OECD Survey of Adult Skills*, Éditions OCDE, Paris, https://dx.doi.org/10.1787/9789264128859-en. [5]

OCDE/Union européenne (2019), *Trouver ses marques 2018: Les indicateurs de l'intégration des immigrés*, Éditions OCDE, Paris/Union européenne, Brussels, https://dx.doi.org/10.1787/9789264309234-fr. [4]

Papon, S. et I. Robert-Bobée (2021), « Décès en 2020 : hausse plus forte pour les personnes nées à l'étranger que pour celles nées en France, surtout en mars-avril », *Insee Focus* 231. [3]

Vanthomme, K. et al. (2021), « A population-based study on mortality among Belgian immigrants during the first COVID-19 wave in Belgium. Can demographic and socioeconomic indicators explain differential mortality? », *SSM - Population Health*, vol. 14, p. 100797, https://doi.org/10.1016/j.ssmph.2021.100797. [2]

Notes

[1] La demande de la nationalité française par déclaration concerne les individus se mariant avec une personne de nationalité française, ou à raison de qualité d'ascendant de Français (incluant les grands-parents) ou de frère ou sœur de Français. Si un des parents est de nationalité française, l'enfant est français de naissance indépendamment de son lieu de naissance.

5 Les liens entre la Côte d'Ivoire et sa diaspora : contributions économiques et migrations de retour

Ce chapitre analyse dans un premier temps les contributions économiques des émigrés ivoiriens à l'étranger, notamment au travers des transferts de fonds qu'ils effectuent. Ce chapitre examine ensuite la question des migrations de retour des émigrés ivoiriens.

En bref

Principaux résultats

- Les transferts de fonds des émigrés ivoiriens se sont élevés à 330 millions USD en 2019 ; ils se sont accrus de 17 % depuis 2005.
- Les estimations pour 2020 font état d'une baisse des transferts de 4 % par rapport à 2019, du fait de l'impact de la pandémie de COVID-19 sur les flux migratoires et sur l'emploi des émigrés ivoiriens.
- Le ratio entre les transferts de fonds et le PIB est passé de près de 1 % à 0.5 % entre 2005 et 2019/20, après avoir connu une hausse à la fin des années 2000 jusqu'en 2011 où il a atteint 1.6 % ; ce ratio a diminué de façon régulière tout au long des années 2010.
- Par rapport à l'aide publique au développement et aux investissements directs étrangers, et au vu de leur poids limité dans le PIB, les transferts de fonds des migrants représentent une ressource financière encore modeste pour l'économie ivoirienne.
- La Côte d'Ivoire est le seul pays de l'UEMOA à être émetteur net de transferts de fonds, compte tenu de sa position régionale comme pays d'immigration. En 2019, les transferts émis depuis la Côte d'Ivoire s'élevaient à plus de 900 millions USD, trois fois plus que les transferts reçus par les ménages ivoiriens depuis l'étranger.
- Sur l'ensemble des envois de fonds des migrants reçus par la Côte d'Ivoire, 17 % provenaient de pays africains, dont 8 % des autres pays de l'UEMOA, tandis que près de 83 % provenaient du reste du monde, dont 33 % de France et 16 % du Royaume-Uni.
- Du fait des montants faibles de transferts de fonds reçus par la Côte d'Ivoire, peu de travaux académiques se sont penchés sur leur impact économique, en particulier au niveau des ménages recevant des transferts depuis l'étranger.
- Seuls 6 % des ménages ivoiriens en milieu rural recevaient des transferts de fonds en 2014, cette proportion étant de 11 % en milieu urbain.
- Compte tenu de l'absence de données sur les migrations de retour en Côte d'Ivoire, qui pourraient être fondées sur le recensement de la population ou sur des enquêtes auprès des ménages, il est très difficile de donner une évaluation quantitative du phénomène.
- L'OIM et le gouvernement ivoirien indiquent avoir assisté le retour d'environ 2 500 personnes par an ces dernières années. Pour l'essentiel, ces personnes assistées ont été prises en charge hors des pays de l'OCDE, principalement en Afrique du Nord et dans les autres pays d'Afrique de l'Ouest.

Les transferts de fonds des émigrés ivoiriens

Les transferts de fonds envoyés par les émigrés ivoiriens vers leur pays d'origine, tels que mesurés au travers des données de balance des paiements publiées par le Fonds monétaire international (FMI), s'élevaient en 2019 à environ 330 millions USD.[1]

Mesurés en dollars constants, ces transferts ont augmenté de 17 % entre 2005 et 2019. Les estimations disponibles pour 2020 font toutefois état d'une baisse de 4 % par rapport à l'année précédente, qui peut s'expliquer, dans le contexte de la pandémie de COVID-19, par la diminution conjointe des flux d'émigration depuis la Côte d'Ivoire et par la baisse des revenus des émigrés ivoiriens dans le monde (EMN/OCDE, 2020[1]).

Le montant des transferts effectués par les émigrés ivoiriens peut être utilement comparé au PIB de la Côte d'Ivoire, qui était de 59 milliards USD en 2019. Comme le montre le Graphique 5.1, le ratio entre les transferts de fonds et le PIB est passé de près de 1 % à 0.5 % entre 2005 et 2019/20, après avoir connu une hausse à la fin des années 2000 jusqu'en 2011 où il a atteint 1.6 % ; ce ratio a diminué de façon régulière tout au long des années 2010.

Graphique 5.1. Transferts de fonds, aide publique au développement et investissements directs reçus par la Côte d'Ivoire, 2005-20

En pourcentage du PIB

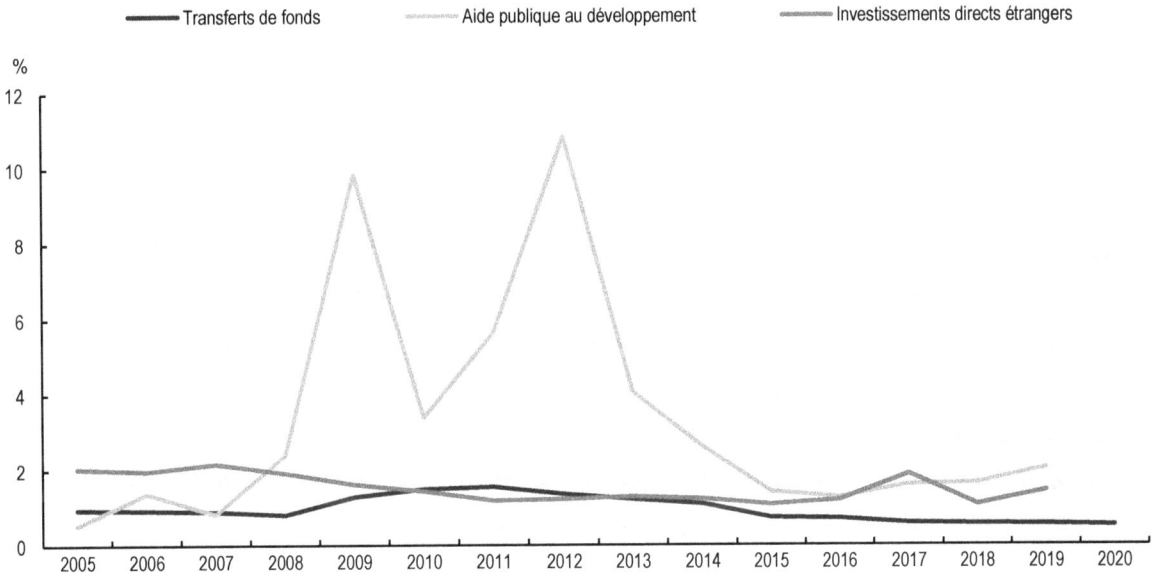

Source : Banque mondiale.

Il est également intéressant de comparer les transferts de fonds des migrants aux autres flux financiers reçus par la Côte d'Ivoire (Graphique 5.1). En 2019, le montant d'aide publique au développement reçue par la Côte d'Ivoire était de 1.2 milliard USD, tandis que les flux nets d'investissements directs étrangers en Côte d'Ivoire s'élevaient à environ 850 millions USD. Par rapport à ces deux autres sources de financement extérieur, et au vu de leur poids limité dans le PIB, les transferts de fonds des migrants représentent donc une ressource financière encore modeste pour l'économie ivoirienne.

De fait, la Côte d'Ivoire est le seul pays de l'UEMOA à être émetteur net de transferts de fonds, compte tenu de sa position régionale comme pays d'immigration. En 2019, les transferts émis depuis la Côte d'Ivoire s'élevaient ainsi à plus de 900 millions USD, trois fois plus que les transferts reçus par les ménages ivoiriens depuis l'étranger. Le solde des transferts de fonds de la Côte d'Ivoire s'établissait ainsi en 2019 à -580 millions USD, alors que le Sénégal, qui est le pays de l'UEMOA recevant le plus de transferts, avait un solde positive de 2.5 milliards USD.

Les estimations publiées en 2012 par la BCEAO, qui sont les plus récentes disponibles sur ce sujet, indiquaient que sur l'ensemble des envois de fonds des migrants reçus par la Côte d'Ivoire, 17 %

provenaient de pays africains, dont 8 % des autres pays de l'UEMOA, tandis que près de 83 % provenaient du reste du monde, dont 33 % de France et 16 % du Royaume-Uni (BCEAO, 2012[2]).

Par rapport aux autres pays de l'UEMOA, la Côte d'Ivoire est le pays où le poids des transferts de fonds dans l'économie est le plus faible, avec moins de 1 %. En comparaison, le ratio entre les transferts de fonds reçus et le PIB est beaucoup plus élevé au Sénégal (10 %), en Guinée-Bissau (plus de 8 %), au Togo (6 %) ou au Mali (6 %). Le poids des transferts est également assez modeste au Bénin (1.5 %) et au Niger (2 %) (Graphique 5.2). Comparé aux autres pays africains, le ratio entre les transferts de fonds et le PIB en Côte d'Ivoire est également faible, puisque seuls cinq pays du continent ont un ratio inférieur.

Graphique 5.2. Transferts de fonds reçus par la Côte d'Ivoire et les autres pays de l'UEMOA, 2020

En pourcentage du PIB

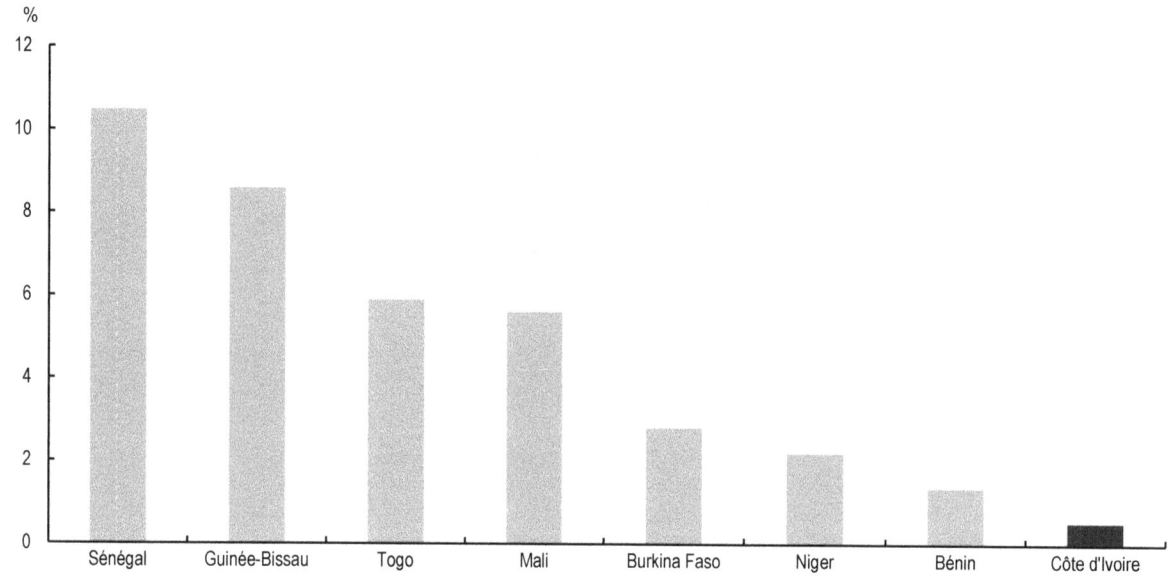

Source : Banque mondiale.

Le coût des transferts de fonds restent non négligeables et représentent sans doute un obstacle à la mobilisation et à la formalisation des transferts : à titre d'exemple, selon les données compilées par la Banque mondiale, le coût moyen des transferts de France vers la Côte d'Ivoire s'élevait en 2021 à environ 3.5 % pour transférer un montant de 140 EUR et environ 2.7 % pour envoyer 345 EUR. Le coût est toutefois minoré en cas de recours à des opérateurs de transferts en ligne ou par téléphone mobile (à partir de 1.3 % pour transférer 140 EUR, et moins de 1 % pour un montant de 345 EUR). Grâce à ces nouvelles options moins onéreuses, le coût moyen des transferts a sensiblement diminué ces dernières années. En 2016, le coût moyen pour le transfert de 140 EUR de France vers la Côte d'Ivoire était ainsi proche de 6 %.

Du fait des montants relativement faibles de transferts de fonds reçus par la Côte d'Ivoire, peu de travaux académiques se sont penchés sur leur impact économique, en particulier au niveau des ménages recevant des transferts depuis l'étranger. Un rapport antérieur de l'OCDE a mis en évidence que seuls 6 % des ménages ivoiriens en milieu rural recevaient des transferts de fonds en 2014, cette proportion étant de 11 % en milieu urbain (OCDE/CIRES, 2017[3]).

Les migrations de retour vers la Côte d'Ivoire

Compte tenu de l'absence de données sur les migrations de retour en Côte d'Ivoire, qui pourraient être fondées sur le recensement de la population ou sur des enquêtes auprès des ménages, il est très difficile de donner une évaluation quantitative du phénomène. Les informations disponibles concernent essentiellement les retours encadrés, que ce soit au départ dans le cadre de programmes de retour volontaires ou de retours forcés, ou à l'arrivée lors de la prise en charge de certains migrants de retour par les autorités et l'Organisation internationale de la migration.

Ainsi, les données diffusées par Eurostat sur les retours forcés indiquent qu'au cours de la décennie 2010, environ 200 Ivoiriens ont été renvoyés chaque année vers des pays tiers, pour l'essentiel au départ de la France. Ces retours ne représentent qu'une petite portion des ressortissants ivoiriens faisant l'objet d'une obligation de quitter le territoire dans les pays de l'Union européenne. En 2018, environ 7 500 Ivoiriens ont fait l'objet d'une telle obligation, ainsi que près de 8 300 en 2019. Les deux principaux pays émetteurs de ces procédures étaient l'Espagne et la France.

Selon les données de l'Office Français de l'Immigration et de l'Intégration, les retours volontaires aidés vers la Côte d'Ivoire ont concerné 48 personnes en 2019 et 24 personnes en 2020. De plus, des ressortissants ivoiriens ont bénéficié d'aides à la réinsertion de l'OFII (37 personnes en 2019 et 19 personnes en 2020).

De leur côté, l'OIM et le gouvernement ivoirien indiquent avoir assisté le retour volontaire de près de 10 000 migrants ivoiriens entre mai 2017 et juin 2021, soit environ 2 500 personnes par an ces dernières années. L'âge moyen de ces personnes assistées pour le retour en Côte d'Ivoire était de 26 ans et la proportion de femmes était de 25 %. Pour l'essentiel, toutefois, ces personnes assistées ont été prises en charge hors des pays de l'OCDE, principalement en Afrique du Nord (Libye, Maroc et Tunisie) et dans les autres pays d'Afrique de l'Ouest (notamment le Niger). Les principales raisons du retour en Côte d'Ivoire, telles qu'évoquées par les migrants sont l'expulsion et la dureté des conditions de voyage ou de séjour. Deux-tiers des migrants indiquent souhaiter s'installer à Abidjan, dont ils sont le plus souvent originaires (OIM, 2021[4]).

Bien que ces informations sur les migrants ivoiriens revenus dans leur pays dans le cadre de programmes de retour volontaires assistés ou suite à une expulsion soient fondamentales pour organiser leur retour et favoriser au mieux leur réinsertion, elles ne donnent qu'une vision très partielle des migrations de retour vers la Côte d'Ivoire. Les retours autonomes de ressortissants ivoiriens à l'issue d'une migration temporaire pour motif d'emploi ou d'études, ou ceux qui interviennent au moment de la cessation d'activité dans le pays de destination, ne sont pour l'instant pas documentés faute de données. Il est crucial que des outils de collecte d'information soient mis en œuvre à cet effet, préférentiellement dans le cadre du recensement de la population – au travers de questions sur le pays de résidence antérieure – ainsi que dans des enquêtes auprès des ménages, ce qui permettrait d'avoir une vision actualisée fréquemment de la population des migrants de retour et de leurs activités économiques.

Références

BCEAO (2012), *Enquête sur les envois de fonds des travailleurs migrants en Côte d'Ivoire*, Banque Centrale des Etats de l'Afrque de l'Ouest. [2]

EMN/OCDE (2020), « Impact of COVID-19 on remittances in EU and OECD countries », *EMN-OECD Inform*, http://www.oecd.org/migration/mig/EMN-OECD-Inform-01122020.pdf. [1]

OCDE/CIRES (2017), *Interactions entre politiques publiques, migrations et développement en Côte d'Ivoire*, Les voies de développement, Éditions OCDE, Paris, https://dx.doi.org/10.1787/9789264277090-fr. [3]

OIM (2021), *Rapport de profilage des migrants ivoiriens*, Organisation Internationale pour les Migrations. [4]

Notes

[1] Selon le Manuel de la balance des paiements du FMI (MBP6), les deux postes de la balance des paiements qui constituent les transferts de fonds sont les *transferts personnels* et la *rémunération des salariés*. Les *transferts personnels* font référence aux transferts courants en espèces ou en nature reçus par les résidents en provenance de particuliers dans d'autres pays ; la *rémunération des employés* désigne les revenus perçus par les non-résidents dans le cadre d'activités frontalières, saisonnières ou de court terme, ainsi que les revenus des travailleurs employés par les ambassades, les organisations internationales et les organisations non gouvernementales. L'ensemble des revenus de ces deux catégories de travailleurs est inclus dans cette définition, qu'il soit transféré ou non dans le pays d'origine. Dans le cas du Mali, plus de 90 % des transferts reçus sont constitués par des *transferts personnels*.

Annexe A. Sources de données sur les émigrés ivoiriens

Les émigrés ivoiriens étant établis dans une multitude de pays, les analyses comparatives les concernant nécessitent des données portant sur plusieurs pays. Afin de garantir une comparaison valable des émigrés résidant dans les différents pays, les définitions utilisées et les normes de collecte des données ne doivent pas présenter de différence majeure d'un pays à l'autre.

Chaque source de données peut fournir des informations sur un aspect différent de l'émigration au départ de la Côte d'Ivoire, comme l'expose ci-après la description associée à chaque source de données portant sur plusieurs pays. Les analyses entre pays sont complétées par des analyses recourant à des groupes de données détaillées portant sur un seul pays.

Base de données sur les immigrés dans les pays de l'OCDE (DIOC), 2000/01, 2005/06, 2010/11 et 2015/16

La Base de données sur les immigrés dans les pays de l'OCDE (DIOC) couvre les pays de destination de l'OCDE pour lesquels des données ont été collectées à la fois en 2000/01, 2005/06, 2010/11 et en 2015/16. Les principales sources des données DIOC sont les registres administratifs nationaux et les recensements de population. Lors des recensements réalisés en 2000/01, quasiment tous les pays de l'OCDE ont collecté des informations sur le pays d'origine des émigrés, afin qu'il soit possible pour la première fois d'avoir une vision approfondie des effectifs d'émigrés dans les pays de l'OCDE (pour plus d'informations générales sur la base DIOC, voir d'Aiglepierre et al. (2020[1]). Lorsque les recensements n'étaient pas disponibles ou incomplets, ils ont été remplacés par des enquêtes sur la main-d'œuvre.

Pour deux périodes, 2000/01 et 2010/11, la base DIOC contient des informations sur les populations âgées de 15 ans et plus provenant de plus de 200 pays d'origine qui résident dans des pays de destination de l'OCDE. Les variables principales sont le pays de résidence, le pays de naissance, le sexe et le niveau d'études. D'autres variables – âge, durée du séjour, participation au marché du travail et profession – peuvent être croisées avec les variables principales mais pas toujours entre elles. Les données portant sur l'emploi et la profession sont généralement disponibles pour la population âgée de plus de 15 ans. Dans certaines parties, l'étude se penche sur les personnes en âge de travailler, à savoir ayant entre 15 et 64 ans.

Base de données de l'OCDE sur les migrations internationales (2000-2019)

La base de données de l'OCDE sur les migrations internationales couvre les flux annuels de migration légale. Les flux annuels d'entrées et de sorties de population étrangère par nationalité sont estimés à partir notamment des registres de population nationaux, des permis de résidence et/ou de travail, et des enquêtes spécifiques nationales. Cette base repose en grande partie sur les contributions individuelles des correspondants nationaux (le Groupe d'experts de l'OCDE sur les migrations) et couvre la plupart des pays de l'OCDE ainsi que les pays baltes, la Bulgarie et la Roumanie. Les données n'ont pas nécessairement été harmonisées au niveau international et doivent par conséquent être interprétées avec prudence. Par exemple, les flux vers les États-Unis incluent uniquement les migrants permanents, alors que d'autres pays incluent aussi les migrants temporaires tels que les travailleurs saisonniers, les étudiants ou les réfugiés. Par ailleurs, les critères d'enregistrement des populations et les conditions d'obtention d'une carte de séjour varient selon les pays, ce qui a d'importantes répercussions sur les mesures obtenues. Enfin, la migration irrégulière n'est que partiellement couverte, il est donc important de noter que les flux migratoires réels sont susceptibles d'être supérieurs aux flux migratoires légaux.

Base de données d'Eurostat sur les permis de résidence délivrés aux ressortissants de pays tiers (2008-2019)

Les statistiques sur les permis de séjour concernent les ressortissants de pays tiers (personnes qui ne sont pas des citoyens de l'Union Européenne) recevant un permis de séjour ou une autorisation de résider dans l'un des états membres de l'UE, dans les pays de l'AELE (Islande, Lichtenstein, Norvège et Suisse) ou au Royaume-Uni. Les données sont basées sur des sources administratives, à l'exception du Royaume-Uni, et sont fournies principalement par les ministères de l'intérieur ou les agences d'immigration. Le Royaume-Uni n'a pas de système de permis de séjour donc les statistiques pour ce pays concernent plutôt le nombre de citoyens hors de l'Union Européenne qui arrivent sur le territoire et sont autorisés à entrer dans le pays dans le cadre de certaines catégories d'immigration. Un permis de résidence correspond à toute autorisation valable pendant au moins 3 mois délivrée par les autorités d'un État membre permettant à un ressortissant de pays tiers de séjourner légalement sur son territoire.

Enquête mondiale Gallup

L'Enquête mondiale Gallup permet notamment d'obtenir des informations sur les intentions d'émigration auto-déclarées des personnes nées et résidant en Côte d'Ivoire, ainsi que des émigrés ivoiriens résidant à l'étranger. Cette enquête couvre un vaste ensemble de thèmes comportementaux et économiques. Elle est réalisée dans environ 140 pays sur la base d'un questionnaire commun, traduit dans la langue prédominante de chaque pays. Chaque année depuis 2006, plus de 100 questions ont été posées à un échantillon représentatif d'environ 1 000 personnes âgées de 15 ans et plus. Dans certains pays, Gallup collecte des échantillons élargis dans les régions ou les villes présentant un intérêt particulier. Au total, 9 029 observations ont été faites sur la Côte d'Ivoire entre 2009 et 2020 (1 000 observations pour chaque année et 1 021 observations pour 2020). Il existe au total 1 213 observations réalisées sur les émigrés ivoiriens interrogés dans leurs pays d'accueil entre 2009 et 2021 (de 17 à 155 observations pour chaque année). 57 % de ces observations ont été faites au Burkina Faso et 13 % au Mali. Seulement 48 observations ont été faites dans les pays de l'OCDE. Cependant, concernant les intentions d'émigration, plus précisément pour la question « Dans l'idéal, si vous en aviez l'opportunité, souhaiteriez-vous vivre de façon permanente dans un autre pays? », les données ne sont disponibles qu'en 2009 et de 2013 à 2018 en ce qui concerne les résidents ivoiriens et les émigrés ivoiriens.

Enquête Afrobaromètre

L'enquête Afrobaromètre est une enquête conduite tous les deux ans depuis 1999 dans un nombre croissant de pays du continent africain afin de mesurer les attitudes des individus sur la gouvernance, la démocratie, l'économie, la société civile, les services publiques la justice ou encore le panafricanisme. La vague d'enquête 2016/18 est la septième et dernière vague d'enquête disponible. Collectée dans 34 pays, elle inclut des questions sur les intentions d'émigration des citoyens africains, telles que les difficultés perçues à franchir les frontières, le statut migratoire, les intentions d'émigrer, le pays le plus probable pour l'émigration, et la principale raison d'émigrer. Les échantillons, représentatifs au niveau national, comprennent entre 1 200 et 2 400 individus de 18 ans ou plus. Les réponses à ces questions peuvent être croisées avec plusieurs caractéristiques sociodémographiques telles que l'âge, le sexe, le niveau d'éducation et la situation sur le marché de l'emploi. Il convient donc de prendre les résultats de cette enquête avec précaution.

Données issues de la plateforme publicitaire de Facebook

En complément des données traditionnelles sur les effectifs de migrants internationaux issues principalement des recensements nationaux et des enquêtes auprès de ménages, ce rapport utilise les données issues de la Plateforme publicitaire du réseau social Facebook. Cette plateforme permet de recueillir une estimation en temps réel du nombre d'utilisateurs mensuels de Facebook résidant dans l'ensemble des pays du monde. La plateforme publicitaire permet ainsi d'identifier le pays de résidence actuel d'un utilisateur donné ainsi que son pays de résidence d'origine. Ces données peuvent être désagrégées par pays d'origine, genre, âge (individus de 13 ans et plus uniquement), niveau d'éducation déclaré, et langues parlées. Ces données permettent notamment d'obtenir des estimations particulièrement récentes et pour des pays de destination pour lesquels aucunes données officielles ne sont disponibles.

Cependant, dans le cadre de l'estimation du nombre de migrants internationaux, ces données comportent de nombreux biais. Tout d'abord, la manière dont Facebook identifie le pays d'origine d'un utilisateur donné, ainsi que la durée de séjour de cet utilisateur dans son nouveau pays de résidence ne sont pas explicitées. De plus, il existe un biais de sélection du fait du manque de représentativité des utilisateurs Facebook. Le taux de pénétration du réseau social (qui correspond au rapport entre le nombre d'utilisateurs dans un pays donné et le nombre de personnes résidant dans ce pays) varie selon les pays, et plus il est faible, plus le biais est probablement élevé. Les taux de pénétration peuvent eux-mêmes être biaisés par l'existence de faux comptes par exemple. Les informations étant auto-déclarées par les utilisateurs, leur fiabilité n'est pas assurée.

Dans le cadre de ce rapport, les données sur l'estimation du nombre d'utilisateurs Facebook ayant pour pays d'origine la Côte d'Ivoire, ont été extraites entre le mois de mai 2019 et le mois de mai 2021 (les mois d'octobre 2019 et de septembre 2020 étant manquants). Ces données brutes ont ensuite été ajustées afin de réduire les biais potentiels. Des ajustements statistiques ont été réalisés afin de prendre en compte les taux de pénétration de Facebook en Côte d'Ivoire et dans l'ensemble des pays de destination des émigrés ivoiriens.

Enquêtes sur les forces de travail en France et en Italie

Afin d'obtenir des données récentes sur l'insertion économique des émigrés, ce rapport s'appuie notamment sur l'Enquête Emploi en Continu (EEC) en France réalisée par l'Insee et l'Enquête sur la main d'œuvre en Italie de l'Istat. Ces enquêtes permettent de mesurer, pour les émigrés ivoiriens grâce à la variable « pays de naissance », les concepts d'activité, d'emploi et de chômage conformément aux critères établis par le BIT, et comportent de nombreuses questions liées à l'emploi afin d'obtenir des données selon les nomenclatures et les définitions européennes. L'EEC en France permet également de recueillir des informations sur les personnes nées en France ayant au moins un parent émigré ivoirien, grâce aux variables sur le pays de naissance de la mère et du père. Ces enquêtes sont réalisées de manière trimestrielle.

American Community Survey

L'American Community Survey (ACS) est un programme d'enquêtes démographiques aux États-Unis mené par le Census Bureau américain. Il recueille régulièrement des informations précédemment contenues uniquement dans le formulaire long du recensement décennal, telles que l'ascendance, la citoyenneté, le niveau d'instruction, le revenu, les compétences linguistiques, la migration, le handicap, l'emploi et les caractéristiques du logement. Ce rapport s'appuie donc sur la base de données IPUMS contenant des échantillons de l'ACS 2000-2019, pour identifier et recueillir les caractéristiques des personnes nées en Côte d'Ivoire et résidant aux États-Unis.

Programme international de l'OCDE pour l'évaluation des compétences des adultes (PIAAC)

Le PIAAC est une étude portant sur les adultes en âge de travailler (16 à 65 ans) qui a pour ambition d'évaluer leurs compétences selon un cadre permettant des comparaisons internationales. Les tests évaluent en particulier les compétences nécessaires pour participer de manière efficace à la société et remplir ses fonctions au travail. Les compétences testées comprennent la lecture, l'écriture, le calcul et la capacité à résoudre des problèmes dans un environnement à forte composante technologique. En complément, un questionnaire porte sur la manière dont les adultes utilisent leurs compétences à la maison et au travail. En 2011/12, l'enquête a été menée simultanément dans 24 pays, dont la plupart sont membres de l'OCDE. En Belgique, seule la Flandre est couverte, et au Royaume-Uni, uniquement l'Angleterre et l'Irlande du Nord. Sa mise en œuvre a été confiée à sept instituts de recherche et les échantillons comptaient 5 000 personnes dans la plupart des pays participants.

Étudiants en mobilité internationale (base de données de l'UOE)

La base de données créée par l'UNESCO-OCDE-Eurostat (UOE) sur les statistiques en matière d'éducation est compilée à partir de sources administratives nationales, publiées par le ministère de l'Éducation ou l'Office national des statistiques du pays. Afin d'évaluer la mobilité des étudiants, une distinction est faite entre les étudiants étrangers résidents, c'est-à-dire qui résident dans le pays en raison d'une immigration antérieure de leur fait ou de leurs parents – et les étudiants étrangers non-résidents, c'est-à-dire qui sont venus dans le pays expressément pour y poursuivre leurs études. On entend par « étudiants en mobilité internationale » les étudiants dont la résidence permanente se situe en dehors du pays en question, et les données sur les étudiants n'ayant pas la nationalité du pays ne sont utilisées que lorsque les informations sur les étudiants étrangers non-résidents ne sont pas disponibles. Les données sur les étudiants en mobilité internationale ne sont disponibles que depuis 2004.

Références

d'Aiglepierre, R. et al. (2020), "A global profile of emigrants to OECD countries : Younger and more skilled migrants from more diverse countries", *Documents de travail de l'OCDE sur les questions sociales, l'emploi et les migrations*, No. 239, Éditions OCDE, Paris, https://dx.doi.org/10.1787/0cb305d3-en. [1]

Annexe B. Différentes définitions des Ivoiriens résidant à l'étranger

Il n'y a pas de définition unique qui capture tous les individus que l'on pourrait qualifier d'Ivoiriens résidant à l'étranger. Dans le contexte de l'émigration, les Ivoiriens résidant à l'étranger sont de préférence définis comme des individus nés en Côte d'Ivoire et qui résident à l'étranger. L'alternative principale est de les identifier comme étant les individus de nationalité ivoirienne qui résident à l'étranger.

Les deux définitions présentent des avantages et des inconvénients. La définition se référant aux personnes nées en Côte d'Ivoire n'inclut pas les individus nés hors de Côte d'Ivoire mais qui sont par ailleurs de nationalité ivoirienne, comme les enfants de ressortissants Ivoiriens à l'étranger. Par contre, cette définition comprend les personnes nées en Côte d'Ivoire (et résidant à l'étranger) mais de parents étrangers.

En raison de la disponibilité des données, cette étude utilise la définition du pays de naissance, mais des statistiques concernant les ressortissants ivoiriens sont également présentées. Pour clarifier la définition utilisée dans chacun des cas, l'étude fait référence aux « émigrés ivoiriens » ou « personnes nées en Côte d'Ivoire » quand le critère est celui du pays de naissance. Les détenteurs de la nationalité ivoirienne seront toujours appelés « ressortissant ivoiriens ». Les deux groupes se regroupent largement : de nombreux ressortissants Ivoiriens sont également nés en Côte d'Ivoire et vice-versa. Les descendants d'émigrés ivoiriens sont définis comme les personnes nées à l'étranger ayant au moins un parent né au Côte d'Ivoire.

Les sources de données disponibles (voir Annexe A) offrent beaucoup moins d'information sur les ressortissants ivoiriens que sur les émigrés ivoiriens. En particulier, les ressortissants ivoiriens qui ne sont pas nés en Côte d'Ivoire ne peuvent pas être identifiés dans tous les pays de l'OCDE. Par conséquent, le nombre total de ressortissants ivoiriens qui résident dans les pays de l'OCDE ne peut être établi avec précision. Uniquement pour les pays de l'Union européenne, il est possible d'identifier les personnes qui ne détiennent pas d'autre nationalité que la nationalité ivoirienne et qui ne sont pas nées en Côte d'Ivoire. Ce groupe étant petit, le nombre total d'émigrés ivoiriens et le nombre total de ressortissants ivoiriens à l'étranger peuvent être très proches.

Les données disponibles ne permettent pas de déterminer la composition par nationalité des émigrés Ivoiriens. Une seule nationalité est enregistrée pour chaque personne. Quand une personne a la nationalité du pays OCDE de résidence, celle-ci est enregistrée. Il n'est pas possible de savoir combien de ces personnes ont aussi la nationalité ivoirienne. Toutefois, on peut supposer que presque tous les émigrés ivoiriens sont aussi des ressortissants ivoiriens car la nationalité ivoirienne est normalement acquise à la naissance et est perdue ou peut être abandonnée dans des circonstances exceptionnelles uniquement. Ceci implique que les émigrés ivoiriens dont on sait qu'ils ont la nationalité d'un pays de l'OCDE ont en général la double nationalité.

Le biais consiste à utiliser le lieu de résidence dans ces définitions : les personnes qui sont nées en Côte d'Ivoire, y vivent, mais travaillent à l'étranger ne sont pas comptées dans les émigrés ivoiriens ; de même pour les ressortissants ivoiriens. Cela concerne en particulier les personnes qui résident en Côte d'Ivoire et sont employées de façon temporaire ou saisonnière dans les pays de l'OCDE. Si les travailleurs temporaires ou saisonniers sont rarement considérés comme des émigrés, leur nombre peut être élevé.

En général, les effectifs estimés dépendent considérablement de la définition utilisée pour les Ivoiriens résidant à l'étranger. Notamment les effectifs présentés par le gouvernement ivoirien sont souvent basés sur le registre des consulats ivoiriens et dépassent largement les effectifs obtenus dans cette étude, qui sont basés sur des recensements dans les pays de l'OCDE.

www.ingramcontent.com/pod-product-compliance
Ingram Content Group UK Ltd.
Pitfield, Milton Keynes, MK11 3LW, UK
UKHW050413240426
12048UKWH00020B/1481